Huna

Sylvie Doré

Huna

Iníciate en los milagros con el saber ancestral de HO'OPONOPONO

EDICIONES OBELISCO

Si este libro le ha interesado y desea que le mantengamos informado
de nuestras publicaciones, escríbanos indicándonos qué temas son de su interés
(Astrología, Autoayuda, Ciencias Ocultas, Artes Marciales, Naturismo,
Espiritualidad, Tradición...) y gustosamente le complaceremos.

Puede consultar nuestro catálogo en www.edicionesobelisco.com

Los editores no han comprobado la eficacia ni el resultado de las recetas, productos, fórmulas técnicas, ejercicios o similares contenidos en este libro. Instan a los lectores a consultar al médico o especialista de la salud ante cualquier duda que surja. No asumen, por lo tanto, responsabilidad alguna en cuanto a su utilización ni realizan asesoramiento al respecto.

Colección Nueva conciencia
HUNA
Sylvie Doré

1.ª edición: marzo de 2015

Traducción: *Joana Delgado*
Maquetación: *Montse Martín*
Corrección: *Sara Moreno*
Diseño de cubierta: *Enrique Iborra*

Edita: Ediciones Obelisco S. L.
Pere IV, 78 (Edif. Pedro IV) 3.ª, planta 5.ª puerta
08005 Barcelona - España
Tel. 93 309 85 25 - Fax 93 309 85 23
E-mail: info@edicionesobelisco.com

ISBN: 978-84-16192-46-5
Depósito Legal: B-5.427-2015

Printed in Spain

Impreso en España en los talleres gráficos de Romanyà/Valls S.A.
Verdaguer, 1 - 08786 Capellades (Barcelona)

A mis hijas, a todas las personas de mi entorno,
y a quienes han trazado mi camino permitiéndome
evolucionar y compartir experiencias.

Prólogo

El «Huna»[1] me fue revelado en circunstancias muy especiales. Todo comenzó el día en que decidí vivir en vez de sobrevivir y actuar en vez de sufrir. Me hice preguntas y me fui a buscar respuestas.

El invierno de 1993 yo estaba sin vida

Desde hacía más de un año seguía un tratamiento semanal por un problema de hipoglucemia que hacía que cada tarde tuviera que prepararme las comidas del día siguiente, unas colaciones específicamente equilibradas que debía tomar cada dos horas y media. Tenía que planificarlas teniendo en cuenta el sinfín de alergias alimentarias que me aparecían sin cesar, de una semana a otra. Dado que con frecuencia es difícil verificar el contenido de todo lo que se ingiere, vomitaba dos o tres veces por semana. Estaba tan débil que no podía hacer mi trabajo. Me dieron la baja laboral por

1. Palabra hawaiana que significa «secreto, lo invisible, reservado, sabiduría, el saber protegido».

un período de tiempo indeterminado. Habiendo consultado a eminentes especialistas en problemas de alergia, me dijeron que la medicina tenía sus limitaciones y que debía aprender a vivir de esa manera.

¡No podía seguir así! Yo no aceptaba *sobrevivir.* Tan sólo veía dos opciones: *vivir* o *morir.* Francine Gareau, la naturópata que me acompañaba, me sugirió que leyera a Dan Millman y me invitó a investigar otras fuentes en una librería de la zona. Descorazonada por los sombríos pronósticos, adelgazando de día en día, me vi dispuesta a abrirme a un universo totalmente nuevo. En tal estado de ánimo llegué a esa librería especializada poco antes de que cerraran. Para mí, en esa época, esos sitios formaban parte de un mundo paralelo un tanto extraño. Intrigada, me acerqué al mostrador y observé por el rabillo del ojo a Daniel, la persona que estaba en el mostrador, y me tranquilicé. Así pues, me aventuré a hojear algunos libros. Cada vez más intrigada, y animada por la calurosa atmósfera que reinaba en aquel lugar, volví de vez en cuando a dar una vuelta por allí, impregnándome de la energía beneficiosa que sentía cada vez que iba. Poco tiempo después, llevada por la urgencia de mi estado de salud, me informé de si había alguien que pudiera orientarme hacia el camino de la curación. Suzanne, la copropietaria de la librería, tomó en cuenta mi petición, anotó mi nombre y me llamó algunas semanas más tarde para anunciarme la buena nueva. Había oído hablar del curso intensivo que impartía, durante dos fines de semana de abril y mayo, una naturópata de Sherbrooke. Tomé nota de todo y me inscribí en el curso. Excitada sin saber muy bien por qué, esperaba esa formación como un último recurso. Hojeando la información, mis ojos se detuvieron en el contenido propuesto para el sábado por la tarde del día 3 de abril de 1993 acerca de los «kahunas»[2] de Hawái. ¿Era el exotismo lo que me atraía? En lo más profundo de

2. Palabra hawaiana que significa «sumos sacerdotes».

mi ser, yo creía en la sabiduría de los pueblos aborígenes, pero de ahí a reaccionar con tanto entusiasmo...

En el curso, tomé minuciosa nota del enfoque propuesto por los grandes sacerdotes kahunas y formulé una solicitud de curación. En los días que siguieron me involucré totalmente en mi proyecto y me puse en marcha hacia un único objetivo: la curación. Cada día, apagada como estaba por mi enfermedad, todos mis pensamientos y mis actividades se concentraban, con la energía de mis últimos recursos, hacia la práctica propuesta por los kahunas. El saber al que yo tenía acceso era muy poco, es decir, yo no comprendía el fundamento que lo sostenía, pero confiaba en él e improvisaba de manera intuitiva los enfoques para expandir mi voluntad de curarme y de vivir, en definitiva.

Una semana después, resucité

El 11 de abril de 1993, un día de Pascua, me desperté en forma, llena de energía, sorprendida de no sentir el malestar familiar y característico de las personas hipoglucémicas. Contrariamente a lo habitual, no sentía la imperiosa urgencia de comer. Muy sorprendida, me pregunté a mí misma si no estaría curada.

Para confirmar lo que sentía, decidí esperar hasta el mediodía para tomar mi primer bocado del día. Yo, que estaba acostumbrada a alimentarme con un tipo de comida preparada principalmente con alimentos biológicos, me puse a hojear audazmente las páginas amarillas de la guía telefónica en busca de restaurantes de comida basura. ¡Dejar de vomitar la comida era como tener un corazón nuevo!

Tras haber elegido placenteramente un menú que parecía el más indigesto de todos, cuál no fue mi sorpresa al sentirme perfectamente bien. Excitada por aquella experiencia, decidí alimentarme así tres días seguidos, poniendo fin a los horarios y las alergias que hasta entonces me habían condicionado tanto.

Era verdad, ¡estaba definitivamente curada!

De vuelta al trabajo, unas cuantas semanas más tarde, tuve una nueva prueba de mi curación. Al entrar en mi coche me senté sobre una avispa y después me picó tres veces. Antes, en una circunstancia así, teniendo inflamadas las vías respiratorias, me habrían tenido que administrar urgentemente una inyección, pero mi EpiPen no se alteró porque no experimenté ninguna reacción significativa.

En cuanto a la enfermedad recurrente que me afligió después de los veinticinco años, el tiempo me reveló de qué se trataba. Me habían hospitalizado regularmente a causa de meningitis asépticas de repetición y se habían realizado investigaciones pertinentes en el Hôtel-Dieu de Montreal a fin de establecer un diagnóstico. Dado que las recidivas son muy poco habituales y yo había tenido catorce meningitis, después de años de investigaciones intensivas me informaron de que tenía el síndrome de Behçet, un trastorno del sistema inmunitario manifestado en una enfermedad neurológica que varía según el paciente. Los médicos consideraban que estando sometida a episodios de meningitis tan frecuentes tenía un futuro sombrío, sobre todo teniendo en cuenta que en el sexto episodio estuve a punto de morir.

Pero, a pesar de todo, yo estaba totalmente convencida de que todo se había arreglado y me dediqué de lleno a mis proyectos.

¡Todo es posible!

En mi cabeza empezó a germinar una idea y, durante aquel tiempo, *un soplo de vida* empezó a formarse en el vientre de una madre china…

Así que empecé a tomar medidas para hacer realidad el sueño más grande de mi vida convencida de que mi salud general se había restablecido. La decisión de recurrir a la adopción internacional para ir al encuentro de mi hija marcaría el comienzo de un importante punto de inflexión.

Llevada por esa confianza, saqué provecho de mil y un placeres poniendo en práctica el enfoque positivo heredado de los kahunas. Sin embargo, yo tenía mucha curiosidad por saber un poco más acerca de este proceso de curación que yo había experimentado con éxito, pero mis investigaciones para encontrar documentación sobre el tema fueron vanas.

Los libreros de Quebec no conocían ningún libro ni ninguna publicación. En un viaje a Nueva Inglaterra, aproveché la ocasión para visitar unas cuantas tiendas en busca de una pista en lengua inglesa.

Cuál no sería mi sorpresa y emoción al encontrar en Woodstock un libro con una referencia al Huna. En la contraportada, encontré los datos de un organismo investigador, el Huna Research, dirigido por el doctor Otha Wingo, un antropólogo que daba clases en la Universidad de Missouri. Ese mismo día, telefoneé para indagar más sobre el tema y así fue como descubrí *cómo* y *por qué* funcionaba el enfoque Huna.

Después de seguir unas cuantas sesiones de los cursos más avanzados, y tras vincular la práctica que me llevó al éxito con la teoría que me explicó las condiciones, comencé a compartir mis conocimientos y mi experiencia impulsada por un equipo de personas de la pequeña biblioteca de mi ciudad natal. Estas personas que me mostraron su compasión y que me permitieron descubrir el curso que me inició en el Huna han sido testigos en primera línea de mi estado de salud. Me convencieron para que aportara mi testimonio, algo que hice después atendiendo a mi disponibilidad.

Ahora ya estoy jubilada del mundo de la educación. A lo largo de los años, mis experiencias se han ido enriqueciendo con variados ejemplos de mi vida y también de las personas de mi entorno, y por ello acepté difundir los *recursos prácticos* que han favorecido mi aprendizaje desde el inicio de esta búsqueda a fin de permitir que otros pudieran trasformar también sus vidas. En lugar de insistir en recetas, testifico los medios que he elegido personalmente para conectar con mi fuerza interior, partiendo de todo aquello que para mí tenía un sentido. Se trata de que cada uno personalice lo que más le convenga. Ése es el objetivo de este libro.

En un proceso de despertar continuo, los medios cambian para lograr la atención plena. Se trata de un ajuste en cada momento. Es posible que tras leer este fragmento pienses: «Es imposible hacer todo eso, ¡yo dejo este libro!». Al comienzo del despertar de la consciencia, es común querer apoyarse en medios concretos para *hacer* cualquier cosa que permita avanzar y uno necesita pruebas de que la cosa funciona. Con el tiempo, nos sensibilizamos más con los enfoques que nos invitan a *ser* de otra manera con la consciencia de nuestras fluctuaciones de energía y los pensamientos que las han alimentado. Invito al lector a que filtre los testimonios que yo aporto y que *extraiga lo esencial* para poder seguir su propio ritmo.

No pretendo saber todo sobre la tradición de los kahunas de Hawái. No digo que yo sepa determinar dónde está la fuente de la verdad entre los autores que aportan diferentes matices y puntos de vista. Creo que cada persona encuentra su verdad. Existen varias interpretaciones que convergen, y es esa visión convergente la que me ha interesado para impulsar aún más mis experimentos a fin de sacar mis conclusiones.

El conocimiento completo de tus niveles de consciencia –el subconsciente, el consciente y el supraconsciente–, a fin de poder armonizarlos en un solo objetivo, te aportará una clave importante para trasformar tu consciencia, elevarla y mantenerla en ese plano. Ella te dará el poder necesario para cambiar tu vida. A menudo esto requiere un cambio de pensamientos y creencias. Esto se logra mediante la liberación de recuerdos no deseados, como con el ritual del Ho'oponopono[3] en numerosas formas. La respiración toma también un papel muy importante a la hora de activar la energía que te anima.

---

3. Palabra hawaiana referida a un proceso de purificación de energías.

Deseo señalar que antes incluso de sentirme sensibilizada con respecto al Huna, exploré medios de comunicación para obtener información de mi subconsciente. La naturópata que me ayudó en un principio a despertar mi espiritualidad me había animado a escribir un diario durante el año que precedió a mi curación. A petición mía, accedió a compartir conmigo los conceptos básicos de la quinesiología para poder identificar los componentes de ciertos alimentos a fin de poder ingerirlos sin consecuencias. Esto me permitió establecer un vínculo real con mi subconsciente, que siempre me ha dado respuestas razonables y también verificables. Lo que no he «probado» es que lo he considerado un riesgo y he podido medir las consecuencias.

Un día, para hacer mi vida más fácil, decidí ir dejando atrás gradualmente la quinesiología, que se basaba en una prueba muscular que requiere la participación de dos personas. La capacidad de obtener respuestas de mi subconsciente podría seguir desarrollándose de una manera diferente... ¿Por qué no la radiestesia? Había encontrado una clave para comunicarme de manera autónoma con mi subconsciente, un intercambio que posteriormente expandí a la comunicación con mi supraconsciente.

¡Finalmente, un acceso fácil a mis diferentes planos de consciencia!

Otro importante punto de inflexión se abría ante mí. He pensado en comunicaros mi experiencia de la radiestesia al igual que mi aproximación a la filosofía Huna. No garantizo a todo el mundo una curación, pues esta trasformación se basa principalmente en la determinación personal de cambiar, en la fe y en el amor a la vida. Tan sólo comparto la manera en la que he aprovechado algunas de las cosas del Huna, las más significativas para mí. Pensé en reagruparlas y explicar las prácticas que me han sido más útiles en el curso de mis investigaciones por si algunas de ellas pueden serviros de inspiración. Como se trata de un conocimiento que abre múltiples posibilidades, una vez se comprenden sus fundamentos, uno puede trasferirlos a las diversas situaciones de su vida cotidiana. Tu creatividad te llevará a explorar los infinitos recursos de tus planos de consciencia, una vez hayas el *porqué* y el *cómo* de su funcionamiento. Déjate guiar por tu voz interior y elegirás intuitivamente las mejores opciones para ser completamente autónomo en el trascurso de tu viaje.

«El conocimiento del concepto Huna es comparable al aprendizaje de un alfabeto de psicología. Todo se coloca en su sitio una vez se comprende el porqué de cada paso» (Long, 1958).

Agradecimientos

La idea de escribir un libro sobre el Huna podría haberse quedado tan sólo en un proyecto, pero el proyecto se concretó gracias al apoyo de todas las magníficas personas que me rodean. Su empuje, su aliento y el respeto que han demostrado al aceptar que la escritura moviliza mi tiempo me ha conmovido enormemente. Después, las personas a las que he tenido el privilegio de acompañar en la investigación de estos recursos y las evidencias que han compartido han nutrido mis reflexiones a lo largo de este proceso.

También con mucha gratitud acepté el ofrecimiento de Lucie Heppell y Thérèse Papineau, ambas han tenido a bien releer mi manuscrito y compartir su experiencia sugiriéndome las mejoras más interesantes. Su visión me ha aclarado numerosos aspectos de la obra.

En cuanto al apoyo técnico, he apreciado enormemente la preciosa colaboración de Diane Bergeron y Daniel Chevalier, que generosamente respondieron a mi petición de ayuda. Me han facilitado sobremanera los medios para controlar la informática.

¡Qué bellos regalos de amistad!

Primera Sección
El secreto hawaiano

Primera Parte
Descripción general del Huna

Capítulo 1
Un poco de historia

He aquí una aproximación a las posibles fuentes del concepto Huna para quienes estén interesados en la historia.

El Huna es una filosofía antigua basada en un profundo conocimiento de nuestros diferentes niveles de consciencia con el propósito de armonizarlas en un estado de unidad para sacar el mejor provecho de las ilimitadas posibilidades de acción que se ofrecen al ser humano. En el núcleo del Huna se encuentra el pensamiento positivo, y las maneras de explotarlo conducen a la conclusión de que los milagros son posibles. Independientemente de la perspectiva histórica de los autores que han documentado esta tradición, este increíble recurso encajará fácilmente en tu vida cotidiana.

Se ha podido seguir la pista, son más de siete mil años, a la existencia de un grupo de personas con el conocimiento de técnicas y principios asociados al pensamiento positivo. Se sabe que contaban con unos conocimientos que les permitían realizar lo que podrían considerarse milagros, como las curaciones instantáneas. Eran unos conocimientos que iban incluso más allá de los eventos, pues ofrecían una filosofía de vida. Esto es lo que ha llevado a investigadores en psicología y en antropología a interesarse por el Huna. Algunos investigadores, como Serge Kahili King, sitúan la fuente de este saber en Lemuria, y después se han encontrado manifestaciones en la Atlántida y Egipto, donde las leyendas dicen que el uso de esta sabiduría habría contribuido a la construcción de la Gran Pirámide. Otros se refieren a las «Doce tribus de Israel» para documentar mejor la fuente del Huna.

Parece ser que estas tribus vivían pacíficamente en lo que hoy es el desierto del Sahara, en aquellos tiempos un lugar verde y exuberante. Pero la tierra comenzó a secarse; los sabios dotados del don de la precognición vislumbraron un período oscuro. Llevados por la misión de conducir a su pueblo a tierras más fértiles, utilizaron sus poderes psíquicos para determinar la dirección a seguir. De este modo fue como entrevieron la posibilidad de migrar con total seguridad hacia las islas del Pacífico.

Así pues, las tribus abandonaron Egipto en grandes canoas dobles en busca de un lugar donde mantener su estilo de vida. Llevando con ellos muestras de plantas y animales, navegaron por los océanos guiados por las estrellas y aprovechando el favor de las corrientes marinas de las que gozaban y de otros fenómenos naturales.

Mientras que la mayoría de ellos se dirigieron al este, un grupo se retiró hacia el oeste, al interior de la cordillera del Atlas, donde ahora se encuentran los bereberes del norte de África. De las restantes once tribus, una de ellas se desvió hacia el sur, hasta la isla de Madagascar, mientras que otras se detuvieron en la India y China. El resto continuó el periplo a través del océano Índico, lo que les llevó a Java y Sumatra. Las últimas se desplegaron por Oceanía y las islas del Pacífico: Tahití, Fiyi, Samoa, Tonga, Isla de Pascua y Hawái.

Dejando aparte las diferentes escuelas de pensamiento de estos movimientos migratorios, todas ellas convergen en la conservación de un mismo saber en torno a los mismos antiguos secretos del mundo. En Hawái, los grandes sacerdotes, los llamados «kahunas» eran los encargados de iniciar a algunos de los miembros de un clan hereditario de todos estos conocimientos y prácticas. La iniciación de un kahuna comienza en la infancia de la mano de un padre natural o adoptivo. La trasmisión oral y rigurosa de esta antigua sabiduría, así como un fuerte acompañamiento en el desarrollo de habilidades, han contribuido a desarrollar la pericia de cada generación de sumos sacerdotes. En lengua polinesia, la palabra *kahuna* significa «guardián del secreto», en referencia al sacerdote, ministro o chamán respetado por sus conocimientos y reconocido por sus poderes. Esta palabra fue la que inspiró al investigador Max Freedom Long a designar sus conocimientos ancestrales como el *Huna,* palabra que significa «secreto», en referencia a lo que está oculto y es difícil de ver.

Con las migraciones, el conocimiento del Huna se ha extendido a diversas partes del mundo. Sin embargo, dado que muchos de los territorios donde se han encontrado las tribus ya estaban ocupados, con el paso del tiempo esa sabiduría ancestral se fue enriqueciendo con la aportación de las culturas que ya estaban afianzadas allí. El lugar donde el conocimiento se ha mantenido más intacto es el archipiélago de Hawái. Deshabitada antes de la llegada de los indígenas, las islas acogieron un pueblo con una cultura expresada en una gran riqueza de lenguaje, poesía, canto y danza. La vida cotidiana se desarrollaba siguiendo un orden social complejo y bien estructurado basado en el «kapu».[4] Los kahunas contribuyeron a establecer las leyes morales, los enfoques religiosos y los métodos de curación que constituyen la esencia de su filosofía.

Cuando en 1778 el capitán James Cook se detuvo en Kauai, tuvo lugar el comienzo de una agitación social y política sin precedentes. La superioridad tecnológica de las embarcaciones, armas y maquinaria de los recién llegados impresionaron vivamente a los isleños. Gradualmente, se empezaron a cuestionar las antiguas creencias. El Kapu, un conjunto de leyes que aseguraban la cohesión social económica y religiosa, se vio abiertamente desafiado.

4. Palabra hawaiana que significa «sistema religioso hawaiano basado en las leyes de los principales sacerdotes y líderes; sacralizar».

Fue en ese momento de vacío, en 1820, cuando se instalaron en aquellas islas los jesuitas con el propósito de implantar el cristianismo, y éstos, con el consentimiento de la gente del lugar, abrieron una nueva perspectiva a los «milagros». Todas las otras prácticas se consideraron paganas, dado que en aquella época los misioneros no podían concebir la existencia de diferentes planos de consciencia. Así pues, todo lo relacionado con el Huna quedó prohibido. Los niños fueron escolarizados en inglés, la lengua hawaiana perdió fuerza y los kahunas que seguían trasmitiendo sus conocimientos eran castigados con penas de encarcelamiento. Sin embargo se solicitaban sus servicios en secreto, y algunos de ellos se revelaron como auténticos guardianes del secreto en un contexto social en el que su cultura se iba desvaneciendo poco a poco.

Se han podido localizar en otras partes del mundo algunas huellas que señalan el paso de otras tribus exiliadas en diversas épocas, lo que ha permitido recuperar una información digna de interés. Las similitudes entre los jeroglíficos egipcios y los dibujos que se encuentran en las embarcaciones de pobladores del archipiélago polinesio originarios del continente llevan a pensar que su migración proviene de antiguo Egipto. Por otra parte, en el culto a Osiris, practicado por los egipcios hace seis mil años, se encuentran diversos conceptos del Huna relacionados con la teoría de la evolución a través de la reencarnación. En los escritos del Antiguo Testamento, las numerosas referencias al código secreto del Huna sorprendieron enormemente a Max Freedom Long, quien ha establecido unos interesantísimos vínculos entre el Huna y los fundamentos de muchas religiones.

En el continente asiático existe una correlación entre las prácticas del yoga, sobre todo en cuanto a la técnica respiratoria, y el enfoque Huna, que sitúa la respiración en el punto clave del proceso de elevación de las vibraciones. En la India hay varios rastros del pensamiento Huna, mientras que en el legado de la lengua de los bereberes africanos, una gran parte de Madagascar y las islas del Pacífico, destacan muchas similitudes.

Por último, en los maoríes de Nueva Zelanda, el descubrimiento de una estatua que representa con precisión los tres planos de la consciencia humana tal como establece la filosofía Huna ha despertado la curiosidad de los antropólogos, ya que permite establecer los vínculos entre las creencias «tohungas»[5] y las de los «kahunas».[6] Por otra parte, parece ser que sus cantos antiguos indican la dirección marítima de Nueva Zelanda a Hawái.

A principios del siglo pasado, todavía se concentra en Hawái el estudio de este sistema psicorreligioso. En 1917, Max Freedom Long, graduado en psicología y apasionado por los estudios religiosos y las ciencias psicológicas, llegó a Hawái como profesor. Testigo de inusuales fenómenos en el medio ambiente en el que intervino, se interesó de inmediato en este patrimonio que se había mantenido en secreto por la fuerza de las circunstancias.

En 1881, el encuentro de Max Freedom Long con el doctor William Tufts Brigham, conservador del Museo Bishop de Honolulú, fue decisivo. Intrigado por las historias que se contaban e interpelado acerca de las experiencias vividas, el doctor Brigham acumuló observaciones durante más de cuarenta años.

---

5. Palabra neozelandesa que significa «guardián del secreto».
6. Extraído del libro *Huna, The Ancient Religion of Positive Thinking (Huna, la antigua religión del pensamiento positivo),* de William R. Glover, Éditions Huna Research.

Así pues, documentó cuidadosamente los datos sobre los poderes de los kahunas: caminar descalzo sobre lava caliente, curaciones múltiples, control de la meteorología, atraer a los tiburones en la playa, etc. Dado que el doctor Brigham deseaba elaborar un resumen escrito con un enfoque científico de los fenómenos, los dos hombres compartieron ese enfoque durante un período de cuatro años, hasta la muerte del conservador en 1921. Luego, con el apoyo de algunos colaboradores de su predecesor, Max Freedom Long, decidió actualizar el secreto de los kahunas utilizando las notas escritas por el anciano. Después de diez años de búsqueda infructuosa, abandonó las islas y continuó en California el legado que recibió.

Hasta 1934, el doctor Brigham no puso al día las claves que permitían desvelar el secreto tan bien guardado. Su primer libro, *La recuperación de la antigua magia,* publicado en 1936, contiene sus observaciones acerca de la lengua hawaiana, en la que cada palabra tiene diversos significados. La comprensión global de la lengua reunió al conjunto de la gente, mientras que los iniciados captaban el mismo mensaje de manera más sutil. Así pues, con la ayuda de un diccionario elaborado anteriormente por los misioneros, Max Freedom Long se lanzó a la búsqueda de las raíces de las palabras para descubrir el código revelador. Éste surgió de los datos de los planos de consciencia, del uso de una fuerza extraordinaria, el «mana»,[7] y de la sustancia «aka»[8] que permite que esta fuerza actúe. Tales informaciones serán objeto de estudio en profundidad en los capítulos que siguen; permitirán comprender la dinámica que actúa sobre el ser humano permitiéndole construir y reconstruir.

El compartir los resultados de sus investigaciones relacionadas con un descubrimiento asombroso le supuso numerosos intercam-

---

7. Palabra hawaiana que significa «energía que los seres humanos necesitan para vivir, energía base».
8. Palabra hawaiana que significa «forma etérea».

bios, entre ellos la carta determinante de un periodista inglés. De hecho, William Reginald Stewart, que había sido un observador de fenómenos similares practicados por una tribu bereber de las montañas del Atlas, en el norte de África, destacó las similitudes de las palabras utilizadas por ese pueblo para designar las mismas realidades. Después de treinta años consagrados a investigaciones semejantes en los bereberes, este inglés estableció ciertos vínculos con las observaciones en los kahunas de Hawái e incluso en el antiguo Egipto. Las palabras, los símbolos, las creencias... todo llevaba a un acercamiento a la explicación de ese misterio. William Reginald Stewart había tenido la ocasión de iniciarse junto al último «quahine»[9] de la tribu, el cual murió accidentalmente antes de completar su enseñanza. El corresponsal inglés, sin embargo, llegó a conocer una leyenda bereber según la cual «el pueblo había vivido en Egipto mucho tiempo, y había participado en la construcción de las pirámides utilizando habilidades paranormales para trasladarse después hacia al oeste en busca de un nuevo hábitat. Al mismo tiempo, otras once tribus del mismo grupo abandonaron el lugar por el mar Rojo con el fin de establecerse en las islas del Pacífico, tal como habían adivinado a través de sus visiones» (Long, 1965, p. 34).

Stewart y Long aunaron esfuerzos para recomponer las piezas de un rompecabezas que iba tomando forma. La reconstrucción de esos conocimientos llegó a tener la base suficiente para poder ser utilizada por cualquier persona dispuesta a invertir el tiempo preciso en experimentarla.

Animado a seguir con la investigación, Max Freedom Long publicó posteriormente muchos libros sobre el tema, referidos a todos los estudios que había llevado a cabo.

Por su parte, Serge Kahili King, un prolífico autor estudioso de la tradición hawaiana, argumenta que el chamanismo, principal-

9. Palabra bereber que significa «kahuna».

mente en su versión hawaiana, está a partir de ahora muy bien adaptado a la vida moderna por las siguientes razones:

«1. Se puede practicar tanto en solitario como en grupo.

»2. Es fácil aprender a ponerlo en práctica, si bien algunas habilidades se adquieren con el tiempo.

»3. Puede practicarse en cualquier momento, sin importar el lugar, ya sea en casa, en el trabajo, en la escuela, estando de viaje o en el tiempo libre, pues es en esencia el espíritu el que actúa.

»4. Su naturaleza es tal que aunque estés curando a otros estás curándote a ti mismo; y cuando trasformas al planeta, te trasformas a ti mismo» (King, 1990, p. 16).

De ahora en adelante, el Huna ya no será un secreto.

Capítulo 2

La respiración Ha para crear y proyectar la energía mana

Vivimos en un mundo donde todo es energía. Bien la llamemos «prana», «chi», «ki», «mana» o de otro modo, se trata de la energía que necesitamos para vivir. Debido a nuestras reacciones frente a los acontecimientos, las personas o a las vibraciones de los lugares, experimentamos sin cesar subidas y bajadas de energía. Idealmente, nuestro objetivo es reponer la energía plena sin socavar la de los otros. Por lo tanto, la buscamos en el aire, en el agua, en el sueño reparador, en la alimentación sana, en el mantenimiento de una vida equilibrada, etc.

Los kahunas hawaianos nos enseñan que es posible por medio de una respiración consciente asociada a pensamientos positivos crear fuentes de energía supletorias a voluntad y además orientar esa energía. El resultado es tan potente que incluso podemos ver el efecto sobre otras fuentes de energía. A esta energía la denominaron «mana».

Serge Kahili King, por su parte, amplía el concepto de la energía asociada a mana al definirlo como un «un poder creador, el poder de utilizar o influir en cualquier tipo de energía, una energía dirigida y no una energía pura» (King, 2011). Esto define muy bien el poder del mana.

La importancia de la respiración

El desarrollo de una respiración profunda y rítmica contribuye a integrar un método para acumular energía mana. Aumentando tu frecuencia vibratoria, este ejercicio te conducirá a un estado de gran paz interior.

La respiración debe ser natural. Todo está en la respiración y en la relajación. *Tu cuerpo «sabe» que encontrará su propio ritmo con el tiempo.* Debes respetarlo para evitar la hiperventilación. Gradualmente, con un poco de práctica, aprenderás a expulsar el aire s-u-a-v-e-m-e-n-t-e proyectando una intensa emoción positiva. Sigue la respiración desde dentro y escucha tu respiración. Tómate el tiempo necesario para mecerte en el ritmo de tus respiraciones, en un movimiento suave y continuo que fluye hasta las profundidades de tu bajo vientre. Siente el movimiento del aire filtrándose en tu ser, llegando a cada parte, a cada célula de tu cuerpo y siendo expulsado con fuerza.

Mientras que la inspiración se realiza a través de las aletas de la nariz, la espiración por la boca permite emitir el sonido «Ha», una vibración muy potente. Según William Glover, la palabra *Ha* en hawaiano significa «respirar más profundamente» y etimológicamente, el número cuatro.

A través de varias series de cuatro respiraciones profundas, llegarás a sentirte penetrado por una fuerza de vida universal que purifica, recarga y rejuvenece cada célula de tu cuerpo físico y etéreo.

La acumulación de energía

Las propiedades de la energía

Con el tiempo, llegarás a sentir la acumulación de la energía. Sentirás un estado de paz y bienestar, tendrás un espíritu más despierto, percibirás más claramente los mensajes de tu «yo» divino y atraerás a las sincronicidades que actuarán como confirmaciones. En el plano físico, es posible que sientas una o más de las manifestaciones más comunes: calor, hormigueo, solidez, elasticidad. Si bien esta sensibilidad difiere de una persona a otra, los efectos no son menores.

Es posible que el ejercicio siguiente te ayude a percibir esos efectos. Haz las respiraciones Ha tal y como se indica durante un período largo y visualizando que la energía se acumula en tus manos. Cuando consideres que ya es suficiente, acerca lentamente una mano a la otra hasta que queden a unos dos milímetros de distancia, sepáralas un poco y vuélvelas a acercar de nuevo estando bien atento a las sensaciones que ello te comporta. Es posible que sientas la energía en forma de una bola muy maleable, que se estira y se contrae a voluntad. Tras haber experimentado sus propiedades, utiliza tu mente para dirigir la energía que tienes en las manos. Úsala para tratar una zona específica de tu cuerpo o nombra el uso que quieres hacer de ella. Una vez que tu mente consciente le ha asignado una función, tu subconsciente la activará según tu voluntad.

Si aún no has sentido nada, continúa con la respiración Ha durante algunos minutos más; si no, la manera más rápida de experimentar este fenómeno es elaborando energía en grupo. Cada persona se envía la energía a sus propias manos y luego, cuando todo el mundo está preparado, por turnos, cada uno hace el gesto de pasar la bola de energía a las manos de un solo miembro del grupo. Éste, recogiendo todo el mana elaborado, será capaz de desarrollar sus percepciones. Una vez que haya sentido alguna cosa, reenvía la concentración de energía a otra persona del grupo, y así sucesivamente hasta que todos tengan ocasión de sentirla. La última persona que la recoge la dirige al pensamiento con la intención que previamente se haya determinado por consenso.

Los lugares y las personas «energizantes»

Todos hemos podido comprobar que hay ciertos lugares más energéticos que otros. Así por ejemplo, caminando por un paraje natural, al borde de un arroyo, en el bosque o en el mar, nos sentimos totalmente «llenos de energía». ¿Qué es lo que sucede? La mirada que diriges a tu alrededor, apreciando la belleza con gratitud, es la que sencillamente te llena de energía. En las estaciones, la adaptación al cambio y la armonía con los ritmos naturales conducen al equilibrio. El doctor David Servan-Schreiber, lamentando haber descuidado este aspecto en su lucha por recuperar su salud, manifiesta la importancia de comulgar con la naturaleza para reencontrar la paz interior y el equilibrio. Esos momentos de curación son de una importancia vital: «Estoy totalmente convencido de que frecuentar un bosque, una montaña, o un río aporta una especie de fuerza revitalizadora, quizás debido a que ello nos permite adentrarnos en el ritmo de las estaciones, lo cual debe contribuir al equilibrio y a la curación del organismo. No conozco ningún estudio científico que respalde esta intuición, pero la idea de que la armonía con la naturaleza es uno de los medios para nutrir la salud del cuerpo es consecuente con toda una serie de verdades establecidas» (Servan-Schreiber, 2011, p. 64).

La experiencia puede vivirse a otros niveles, a partir de elementos de la naturaleza presentes en todas las zonas habitadas, como un cielo estrellado, un manantial, un árbol, una flor o una delicada llama. Maravillándote frente a la belleza, puedes incluso desarrollar la capacidad de ver el aura.

He aquí una técnica para afinar tus percepciones y aumentar a un tiempo tu nivel vibratorio. El momento ideal es al principio o al final del día, cuando la luz es menos intensa. Elige un árbol majestuoso, de porte esbelto si es posible, y preferiblemente un árbol de hoja perenne, si es invierno. Estas precisiones se sugieren simplemente para aumentar la primera vez tus posibilidades de éxito.

Fija la atención en el centro del árbol, hacia la copa, allá donde se recorta contra un cielo de un color uniforme. No apartes la vista del lugar concreto que hayas escogido. Tu visión global te permitirá impregnarte de la belleza que se te ofrece. Haz al mismo tiempo las respiraciones Ha con la simple intención de recargarte de energía. Al sentir una gran gratitud por la vivencia de esos bellos momentos, percibirás un halo azul luminoso rodeando el árbol. Tu visión periférica te permitirá percibir el aura siempre y cuando fijes la mirada en un punto central, pues es esta visión la que te da acceso a esa luz brillante que gradualmente se va ensanchando. Esta experiencia crea admiración, fuente de entusiasmo y gratitud.

Una vez que domines bien esta técnica, estarás en condiciones de aplicarla a otras expresiones de la belleza que te rodea, como la de los seres *humanos.* Cuando mires a una persona fijando la atención en lo más bello de ella, su luz se revelará ante tus ojos. Es posible que con el tiempo descubras su aura. Poco importa que se perciba su energía luminosa con los ojos o no, en todo caso, percibir la belleza con amor y gratitud ya es en sí una fuente de elevación. La forma de mirar a los otros se convierte en una fuente de energía expansiva. De manera inconsciente, la gente siente un aumento de energía cuando ves lo mejor de ella. Al ampliar tu visión de los demás, elevas tu cualidad vibratoria y la de la persona con la que te estás relacionando. Todas las relaciones basadas en esa energía de acogimiento y amor contribuyen a crear el paraíso aquí y ahora. Comienza ya mismo a cambiar de perspectiva y abre tu corazón cada vez que lo recuerdes. Desearás repetir la experiencia.

¿Dónde queda el paraíso con el que sueñas cuando estás solo, rodeado de cemento, automóviles y ruido? En cualquier momento y en cualquier lugar, puedes crearte un estado de bienestar total eligiendo tus pensamientos. Nada de lo que vives se debe a lo que viene del exterior. Todo está en tu interior, estés donde estés. En un mundo caótico e impredecible, tú tienes el poder de establecer una estabilidad interna con la elección de tus pensamientos. *No importa el entorno en que te halles, tus pensamientos te siguen y determinan a cada instante tu disposición a la felicidad.* Desde el momento en que vinculas tu felicidad a un estado, la estás posponiendo. Libérate de las limitaciones que parecen imponerse y aumenta tu luz interior para crear tu propia magia. Si, por ejemplo, tomas el hábito de sonreír, activas los músculos faciales que producen pensamientos agradables. Aprecia con gratitud todos los detalles que contribuyen a tu bienestar: el soplo de una brisa cálida, el brillo de un color, la belleza de un insecto, la textura de la hoja de un árbol, la participación de los humanos en el objeto que sostienes en tus manos. ¡Agradece todos estos regalos! Éste es un paso hacia la trasformación que ilumina tus días y atrae la abundancia.

«La gratitud es una herramienta extremadamente poderosa. No sólo mejora el estado de ánimo, sino que permite fusionarse con la esencia de la Divinidad» (Vitale, 2011, p. 124).

La importancia del pensamiento

Al recuperar la respiración, atraes fuertemente la atención de tu subconsciente. Normalmente, es él quien tiene la responsabilidad de hacer que respires. Cuando tomas el control del lugar que ocupas, él se intriga con la nueva situación y toma medidas para seguir tu pensamiento. Dado que has captado su atención, éste es el momento de comunicarle claramente lo que deseas.

Es el inicio de un ciclo de relajación, de introducirse gradualmente en las ondas de programación. Por consiguiente, cada pensamiento que cruza por tu mente tiene gran importancia. *Activa tu filtro para dejar pasar únicamente aquello que es positivo.* Aprovecha la oportunidad de alimentarte de altas vibraciones y de poder guiar adecuadamente tu subconsciente, unihipili. Mantén el *foco* sin culparte por las distracciones que sufras.

Cuando tus respiraciones conscientes tengan como objetivo trasformar los pensamientos y las creencias, *pon tu atención en el objetivo positivo a tener en cuenta.* Cuando hagas la colada, mantente en contacto la realidad, observa la suciedad que tiene la ropa. Observa y acoge ese hecho. Ya estás preparado para trasformarlo. Una vez que pones en marcha el proceso de limpieza, sabes que la trasformación se opera y que la ropa se volverá limpia. Tu mente ya se ha centrado en el resultado positivo como regla.

Al principio, puedes crear cierto porcentaje de pensamientos positivos y, con la práctica, aumentar la proporción. Igual sucederá con los miles de «formas de pensamiento»[10] que aflorarán a tu mente cada día. Mantén una actitud positiva y felicítate por tus progresos.

El pensamiento positivo, en el centro del enfoque del Huna, no significa en absoluto huir de la realidad, sino tu posición con respecto a aquello que has elegido y observado con consciencia.

Si tienes dificultades para mantener tu atención sobre el pensamiento positivo, te sugiero que te apoyes en herramientas como la visualización, la emoción, la imagen o sugerencias para concentrar tu energía durante el ciclo respiratorio. Si alguna vez tu lado oscuro se apodera de ti con miedo, ira o ansiedad, acoge esas emociones considerándolas como mensajes de iluminación y no como aflicciones. Se pegarán menos a ti y perderán poco a poco su carácter obsesivo (Chopra, 2008, p. 176). Recíbelas con gratitud, como sucesos que te guían hacia la limpieza que se te ofrece.

10. Conjunto de pensamientos relacionados que se estructuran en racimo y se trasmiten a través de los hilos del aka (traducción del término inglés *thought forms).*

Las asociaciones de ideas, siempre que sean significativas, aumentan la energía. Por su parte, los kahunas de Hawái, en un lugar donde el agua es omnipresente, las utilizaban para captar mentalmente una energía de gran intensidad. Les gustaba ver la acumulación de la energía mana asociada al agua que brota cada vez más alto y se expande en una lluvia de benéficas manifestaciones.

A fin de amplificar el impacto de la respiración consciente desde el subconsciente, pues orientar tus pensamientos del siguiente modo: utiliza la sugerencia de que tú reúnes las mejores cosas. La irás adaptando según tus experiencias y la energía que sientas.

TU PENSAMIENTO DURANTE EL CICLO DE LA RESPIRACIÓN

Crear una reserva de energía

Durante la respiración, recarga todas las energías que te aportan fuerza. Aprecia la belleza de tu entorno o visualiza un lugar que te inspire. Recoge la energía del sol, de las estrellas, de las galaxias, del cosmos, del universo. Elévate en una vibración de amor. Báñate en la luz, imprégnate de sentimientos nobles y elevados. Haz todo aquello que te lleve a sentir *tu fuerza creadora.* Guiado por ti, espíritu consciente, tu subconsciente aumentará la energía. Al establecer una comunión entre tus planos de consciencia para llegar a la unidad, saboreas igualmente la alegría de reencontrarte con tu identidad divina.

Flujo de energía

Durante el descanso, siente que todo aquello que te ha inspirado forma parte de ti, fluye libremente en tu interior y penetra en tu cuerpo energético.

Proyección de la energía
Finalmente, *durante la espiración,* expulsa el aliento con convicción, proyectando un potente pensamiento positivo al universo. En esta etapa es cuando canalizas la energía. Cada aliento, cada aportación de energía contribuye a estimular una trasformación. Puedes dirigir esta energía donde creas conveniente nombrando mentalmente tu intención: un estado anímico que desees sentir, una corta afirmación leída sin negación, el título de tu petición, un Ho'ponopono con una connotación positiva, la activación de un chacra específico, etc. Para evitar los errores, utiliza siempre palabras con un alcance elevado y visualizando *imágenes incontestablemente positivas.*

Fase preparatoria
Se inicia un nuevo ciclo respiratorio. Con gratitud, prepárate para recibir una y otra vez hermosas vibraciones.

A medida que incorpores regularmente las respiraciones Ha a fin de sostener el pensamiento positivo, aumentarás la actividad psíquica para recuperar habilidades latentes que están a la espera de emerger.

El procedimiento

Un ciclo completo comprende cuatro tiempos: pausa, inspiración, pausa, espiración Ha. Si tienes dificultades para integrar las pausas, hazlas breves al comienzo hasta que te sea más cómodo hacerlas más largas. La duración sugerida para cada fase pretende establecer gradualmente una proporción entre ellas. *Tú eres quien determina el ritmo adecuado.* La velocidad debe adaptarse a tu capacidad respiratoria. Una vez que hayas elaborado tu propio ritmo no tendrás necesidad de contar. ¡Tómate tu tiempo!

EL CICLO RESPIRATORIO

Antes de iniciar un ciclo de respiraciones conscientes, *suspira largamente mientras emites el «Ha»* para limpiar tu sistema respiratorio:

1. *Contén la respiración contando hasta cuatro* (1 y 2 y 3 y 4) mientras te preparas para recibir un extra de energía vital.
2. *Inspira lentamente por la nariz contando hasta cuatro* (1 y 2 y 3 y 4). Dirige conscientemente tus pensamientos visualizando algo positivo y bello que te eleve. Puesto que cada inspiración atrae la energía hacia ti, sentirás poco a poco una acumulación de energía beneficiosa.
3. *Contén la respiración contando hasta cuatro* (1 y 2 y 3 y 4). *Siente la energía beneficiosa que fluye en tu interior.*
4. *Espira lentamente por la boca emitiendo el sonido «Ha»* durante un tiempo mucho más largo.

Ve intentando que la espiración sea dos veces más larga que la inspiración. Es en esta fase en la que canalizarás la energía asociando a ella una actitud positiva.

El momento idóneo

Experimentarás grandes beneficios al iniciar cada día con respiraciones conscientes. Al alba, con la aparición de la luz del sol, dirige tu subconsciente hacia lo que quieres integrar desde el inicio. Impregnate de *la perfección del momento presente.* Al centrar tu atención en el aquí y el ahora, experimentas tu divinidad.

Antes de ir a la cama, estas respiraciones te harán un efecto calmante, propicio al sueño. Si tienes fases de insomnio, aprovéchalas para respirar calmadamente y te verás recompensado con los beneficios del sueño.

Puesto que es primordial mantener la energía alta, no te ciñas sólo a esos momentos privilegiados. Disfruta de cada momento de calma durante tus actividades cotidianas, aprovecha éstas, por breves que sean, para invertir en tu armonía interior. Tus días están salpicados de numerosos momentos carentes de una atención especial: la ducha, la cola del autobús, ciertas actividades físicas, un concierto de música inspiradora, un paseo, etc. Aprovecha lo que se llama el tiempo muerto para acumular un suplemento de energía excedente por medio de la respiración Ha. Las personas que llevan una vida agitada, siempre encontrarán un poco de tiempo... en el cuarto de baño.

Es probable que, en medio de la multitud, tu concentración sea menor y que debas ser más discreto. ¡No importa! Invirtiendo bien los pequeños momentos, éstos se combinan para aumentar la frecuencia vibratoria y recordar las prioridades del subconsciente. Ciertos contextos favorecen muy rápidamente la acumulación de energía, mientras que en otras circunstancias, tendrás que invertir más tiempo para lograr unos beneficios equivalentes.

Eres constantemente el cocreador del universo. *Con las respiraciones conscientes creas un plus de energía que contribuye a elevar tus vibraciones y, por consiguiente, las de los grupos a los que perteneces, que reaccionan a la energía que tú liberas.*

Aplicación en la vida diaria

Los beneficios de la integración de la respiración Ha son numerosos. Se trata de aprovechar todas las ocasiones de aumentar la energía para poder aplicar sus efectos en diferentes circunstancias. Aumentando tu nivel vibratorio por medio de la respiración consciente liberas tu canal para dejar que la energía circule fluidamente. En múltiples ocasiones, ganarás una carga extra de mana que podrás utilizar en diversos contextos. He aquí unos cuantos ejemplos:

* Para reunirte con tu parte divina.
* Para agradecer todos tus planos de consciencia.
* Para canalizar la comunicación con las energías elevadas.
* Para trascender una experiencia.
* Para acoger y apreciar la ocasión oportuna que te hará crecer.
* Para acompañar a una persona en su evolución.
* Para captar la inspiración.
* Para meditar.
* Para estar iluminado para preparar tu petición.
* Para captar un estado anímico, una virtud, una energía angelical.
* Para armonizar tus chakras.
* Para comunicarte de manera eficaz con tu subconsciente.
* Para reprogramar tu subconsciente.
* Para experimentar la protección.
* Para intensificar las afirmaciones.
* Para mantener una visualización.
* Para interpretar los sueños.
* Para encontrar un recurso.
* Para preparar una entrevista.
* Para aprobar un examen.
* Para aumentar y equilibrar tu energía.
* Para practicar una nueva habilidad.
* Para desarrollar tus percepciones extrasensoriales.
* Para magnetizar tus alimentos.
* Para recargar tu aura.
* Para tratar una parte del cuerpo concentrándola en las manos.
* Etcétera.

La lista se alargará aún más. Experimentarás sin cesar muchos otros beneficios.

Capítulo 3
Los cimientos del Huna

Los diez elementos base

Los cimientos del Huna reposan en el profundo conocimiento de los diez elementos que aquí se presentan con el fin de extraer el máximo provecho de las posibilidades infinitas de tu consciencia. Se trata de cada uno de los planos de la consciencia, de la energía que éstos utilizan y de los cuerpos etéreos que les corresponden durante la encarnación en un cuerpo físico.

Los diez elementos tratan, por consiguiente, de los tres aspectos para los tres espíritus que los impulsan. Comprender las particularidades de cada uno te otorgará un poder enorme en tu vida. En el día a día, esta comprensión te permitirá explorar los mecanismos que gobiernan tu vida y encontrar nuevas maneras de relacionarte contigo mismo para liberarte y conseguir aquello que más te convenga.

Tabla 1

Los diez aspectos de la encarnación

Los 3 planos de consciencia	SUBCONSCIENTE 1-unihipili (ou-ni-hi-pi-li)	CONSCIENTE 2-uhane (ou-ha-né)	SUPRACONSCIENTE 3-Aumakua (a-ou-ma-kou-a)
Los 3 cuerpos AKA	04-KINO-AKA	05-KINO-AKA	06-KINO-AKA
Los 3 niveles de energía	07-MANA	08-MANA-MANA	09-MANA-LOA
10-EL CUERPO FÍSICO			

Cada persona está dotada de tres espíritus: el espíritu subconsciente, el espíritu consciente y el espíritu supraconsciente (1, 2 y 3) considerados como *low, middle and high selves,*[11] según su grado de evolución y la localización de su cuerpo etéreo. De hecho, cada plano de consciencia se manifiesta en un cuerpo invisible compuesto de una sustancia etérea a la que los hawaianos llamaban los cuerpos «Kino[12]-aka» (4, 5 y 6).Una poderosa fuerza energética (7, 8 y 9) actúa a través de ellos y su voltaje difiere según el espíritu que lo utiliza.

Tras tu encarnación, planificada de común acuerdo con tu alma, adquieres un vehículo perfecto para experimentar los retos de encarnación que has elegido: tu cuerpo físico (10). Todo está listo para estimular la realización de las tareas que requieren un perfeccionamiento o para explorar nuevas vías que favorezcan la expansión de tu alma.

---

11. En inglés en el original francés. *(N. de la T.)*
12. Palabra hawaiana que significa «cuerpo, sustancia, forma».

La teoría de la evolución

Según las kahunas, existen varios niveles de evolución, como se ilustra en la siguiente tabla. Su creencia en la reencarnación los lleva a la a conclusión de que habríamos experimentado los elementos de la creación de manera progresiva hasta llegar a lo que constituye el ser humano en tres planos distintos de la consciencia.

Tabla 2

La evolución según el Huna

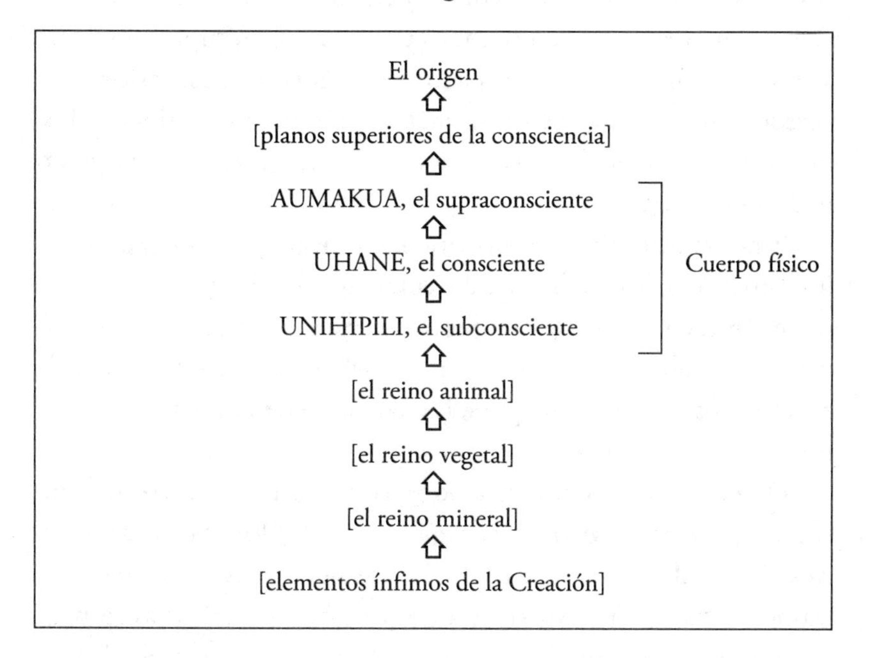

En el proceso del despertar, «los animales, las plantas y los minerales de nuestro planeta se despiertan también en su propio universo evolutivo. Existen en una octava de consciencia dimensional diferente a la nuestra, pero todos ellos son un aspecto del alma única de nuestro plan de realidad universal» (Mara, 2010, p. 61).

El objetivo de tu vida es progresar a planos de consciencia superiores a través de tus numerosas encarnaciones. Al principio de una serie de encarnaciones, el subconsciente proviene directamente del mundo animal. Está llamado a evolucionar para liberarse de los comportamientos primarios y llegar a ser finalmente una mente consciente. De modo que será el resultado de numerosos experimentos que permitirán a la mente consciente desempeñar activamente su papel de educador para guiar su subconsciente de manera lúcida hacia el siguiente nivel de consciencia. Al hacerlo, se elevará a sí mismo y se convertirá en un supraconsciente cuya tarea es asistir e inspirar a la consciencia hacia vibraciones más elevadas. Una vez formado un nuevo trío, el antiguo supraconsciente abandonará el mundo encarnado y continuará su ascensión para acceder a unos planos de consciencia superiores que ni siquiera hubiéramos imaginado. La evolución continúa, pero el alma ya no necesita renacer.

Para evolucionar no es necesario identificar cada uno de esos planos superiores. Tu Yo divino sabe cómo abrirse camino en ese mundo según cada situación y reunir las energías adecuadas sin demandarlas. No obstante, es importante mantener el contacto con la energía más elevada y más pura, la cual puede denominase «la Fuente o el Origen».

De hecho, lo que importa no es el nombre que se utiliza, sino *el concepto de una consciencia única que es el Origen de toda Creación.* Dependiendo de la cultura, las creencias y las tradiciones que formen parte de tus experiencias, el nombre tomará otras formas. Si, en ocasiones, utilizo las palabras *Dios, divinidad* o el adjetivo *divino,* se debe simplemente a los recuerdos que han modelado mis propios pensamientos en el contexto en el que he evolucionado como niño. Mi concepción actual de Dios considera ahora esta realidad fuera de toda religión como el estado último de perfección que se encuentra dentro de cada uno de nosotros y cuyos atributos están a la espera de ser despertados. La tarea de la «aumakua»[13] es proponerte el decorado, los seres y los contextos más adecuados para integrar las virtudes. Cada fuerza desarrollada será un logro para continuar tu evolución. Por eso quizás tengas la impresión de haber nacido con unos «regalos de bautizo» resultado de retos revelados anteriormente.

El aspecto fundamental de esta teoría radica en el hecho de que cada uno de tus niveles de consciencia tiene la responsabilidad de hacer evolucionar el espíritu inmediatamente inferior.

Esto es lo esencial a retener de esta visión de la evolución. A lo largo del libro, ejemplos prácticos ilustrarán este enfoque y te aportarán nuevas perspectivas para que elijas las más convenientes. Podrás escoger lo que más te convenga a partir del conocimiento profundo de los planos de consciencia que componen tu «trío personal encarnado en un cuerpo físico». Al mismo tiempo, tu comprensión se afinará y te permitirá penetrar mejor en la memoria de tu subconsciente y conocer sus verdaderas motivaciones.

Al así hacerlo, tendrás los recursos necesarios para proceder a limpiar los recuerdos y pensamientos mal ajustados que bloquean tu energía. De este modo, usarás tu poder para liberar tu espíritu inferior de los sombríos pensamientos del ego y trasformar creencias, reacciones y emociones. En cuanto a las circunstancias que provocan un desequilibrio, podrás intervenir desde tu subconsciente para volver a la unidad. Confiando en la inspiración que emana de tu supraconsciente, puedes captar los mensajes que te envía y acoger con más confianza las experiencias que te propone para progresar. Esta apertura supone un cambio de perspectiva más

13. Palabra hawaiana que significa «supraconsciente».

beneficiosa, genera nuevas actitudes y te hace vibrar con frecuencias más sutiles.

La armonización de los planos de la consciencia individual significa que los tres espíritus encarnados en un mismo cuerpo tienden a aumentar su frecuencia en la unidad. Esa frecuencia contribuye a elevar, debido a la abundancia de sentimientos nobles, no sólo los espíritus de los individuos, sino también los de los grupos a los que pertenecen, familia, trabajo, ciudad, provincia, país, planeta, en resonancia con ellos.

«Cuando ganas una pequeña victoria, los que vibran en tu misma frecuencia tienen también la oportunidad de avanzar... Lo más maravilloso de esta ley es que cuanto mayor sea tu vibración, más fácilmente captan la frecuencia quienes están al mismo nivel» (Mara, 2010, pp. 74-75).

Quienquiera que elija encarnarse en ese período de despertar de la consciencia viene aquí con la intención de contribuir al despertar planetario.

Una clave importante, el circuito de comunicación entre tus niveles de consciencia

¡La colaboración entre los niveles de consciencia es una fuente de placer! Te abre a una comunicación más fluida, permitiéndote comprender lo que eres y lo que has albergado a fin de establecer unas bases mucho más sólidas.

Para que la comunicación sea libre, hay que tener en cuenta la naturaleza del circuito que conecta tus niveles de consciencia, y ésta es una clave importante en la comprensión de tu funcionamiento.

> *Tu consciencia, uhane, tiene acceso a tu Yo divino, aumakua, a través de tu subconsciente, unihipili.*

Unihipili filtra tu comunicación con aumakua de tus propias resistencias y percepciones, las cuales han moldeado tus creencias. Cuando el ego se queda atascado en el miedo, la culpa, la negación, los patrones de pensamiento negativo, tu comunicación ascendente es rechazada. Tu mente subconsciente es como la recepcionista de una empresa que filtra las llamadas únicamente a partir de sus impresiones objetivas basadas en el efecto que le provoca la petición de contacto. Así pues, según la naturaleza del cambio que desees tener con tu Yo superior, si tu subconsciente no se siente contrariado o amenazado, el camino está libre para ti, espíritu consciente. De lo contrario, toda comunicación se verá rechazada, siempre y cuando los bloqueos que la frenan no sean bien recibidos y tratados. Deberás realizar una limpieza de aquellos pensamientos, creencias o recuerdos vinculados a ciertos aspectos de tu vida. Esto es a menudo lo que sucede en el caso de las plegarias que parecen vanas. El ejemplo que sigue habla por sí mismo. William Glover ha ilustrado la red de comunicaciones comparando el cuerpo físico con una casa situada en lo más alto de una montaña, una casa que alberga tus tres planos de consciencia, cada uno a su nivel:

1. Tu subconsciente, unihipili, vive en un sótano sin ventanas. Sin embargo, está conectado a un ordenador que le permite acceder a todos los recuerdos que tú has ido programando en tiempos y espacios infinitos, a menudo bajo el influjo de las emociones. La aparición de una memoria tan extraordinaria impresiona mucho a las personas que, sin reflexionar, conceden a su subconsciente un juicio del que carece. El unihipili se encarga de tu red de comunicaciones externa e interna.
2. Tu mente consciente, uhane, ocupa la planta baja, abierta al exterior por varios sitios. Esto le permite observar, reflexionar, evaluar y tomar todas las decisiones a partir de lo que percibe. Su visión todavía está limitada al entorno externo. Su acceso a la información guardada por tu unihipili completa sus datos, a veces muy subjetivamente.

3. Aumakua, tu consciencia superior, tiene una visión ilimitada, la altura de la casa. Está ampliamente iluminada por la luz. Como su horizonte se extiende hasta el infinito, es capaz de inspirarte y guiarte juiciosamente. Los mensajes que te trasmite siempre son interceptados por tu unihipili, que dispone de ellos según su propia programación.

Comprender esto te llevará a interpretar tu papel y a tomar medidas para establecer siempre una excelente comunicación con tu subconsciente a fin de limpiar tu red de comunicaciones, ya que podrás identificar los «virus».

La calidad de tu atención y de tus intervenciones te aportarán resultados a ciencia cierta.

Tabla 3

Circuito de comunicación entre los planos de la consciencia

Supraconsciente

Consciente

Subconsciente

Paralelismo con la evolución del cerebro

«El cerebro no es el pensamiento. Tan sólo es el lugar de convergencia de los pensamientos» (Lewis, 1984, p. 152). Aun así, el punto de vista de los kahunas me lleva a establecer vínculos con la evolución del cerebro humano. Este último está compuesto de tres capas sucesivas en permanente comunicación, pero que disponen de características específicas.

Características de cada una de las partes del cerebro

El *cerebro reptiliano,* el primero que se formó, responde a las necesidades más primarias para poder garantizar la supervivencia del cuerpo físico. Garantiza nuestra seguridad. Es el cerebro instintivo, el animal, el que nos protege con señales de alarma en casos de peligro. Es el origen de ciertos comportamientos con la defensa del territorio, los reflejos condicionados, el conformismo.

El *cerebro límbico,* emparentado con nuestro subconsciente, el unihipili, se desarrolló a continuación del cerebro reptiliano –diferenciándose del cerebro animal por una sensibilidad que le da acceso a un abanico extraordinario de emociones–, y ha trasformado la naturaleza de las relaciones con los semejantes y su entorno. Él es el centro de las motivaciones, más sensible a las intenciones captadas que a los discursos. Las informaciones se filtran a través de los órganos de los sentidos y se almacenan en la memoria, distorsionadas por el contexto.

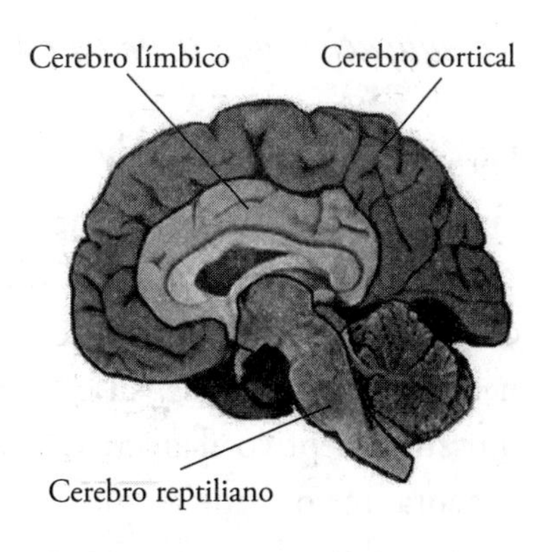

Después, apareció *el cerebro cortical,* acelerando la evolución de la especie humana aportándole una inteligencia reflexiva, lógica, creativa, cuyas características están relacionadas con la mente consciente, uhane.

Y, por último, la *intuición* que guía nuestras vidas en forma de una especie de inspiración. Parece venir del exterior y velar por nosotros, como hace aumakua, nuestra mente supraconsciente.

El curso de una vida humana sigue los mismos pasos que los de la evolución de la especie. Al igual que los pueblos primitivos, el bebé tiene la necesidad de satisfacer sus necesidades básicas y de sentirse seguro. Después, como el ser humano que ha comenzado a socializarse, va entrando en contacto de manera gradual con quienes le rodean, exhibiendo un espectro de emociones cada vez más sutiles. Finalmente, desarrolla un interés por aprender que va ganando en variedad y complejidad a medida que aumenta su grado de consciencia hacia el entorno. Por último, paralelamente a la tendencia social actual, busca sentido en relación a todo lo que experimenta.

La educación que tiene en cuenta el cerebro

Por mi experiencia pedagógica, he comprendido que es impensable ayudar a un niño a controlar sus emociones si éste se siente amenazado por una situación de crisis, ya sea en casa, en el colegio, por no comer o dormir lo suficiente, etc. Una vez que tiene satisfechas sus necesidades primarias, su cerebro reptiliano se calma. Entonces se muestra receptivo al afecto que se le prodiga y capacitado para experimentar mejor aquello que vive, en contacto con su cerebro límbico.

La calma desde el punto de vista del cerebro límbico aparece como una condición esencial para estimular su cerebro cortical, lo que contribuye a su aprendizaje. Las investigaciones realizadas han demostrado que el proceso de la función cerebral va de abajo arriba y no de arriba abajo. La actividad mental pasa pues por el cumplimiento de las necesidades de los dos primeros niveles. El equilibrio entre los tres cerebros es la baza principal en la escolarización de los niños. La primera responsabilidad de un buen enseñante será pues la de contribuir a crear un espacio de receptividad haciendo que el entorno sea más propicio para el aprendizaje. Los medios para lograrlo los obtendrá fácilmente siempre que esté abierto a acoger aquello que llega a su consciencia y a escuchar su intuición, su guía interna.

Eres el maestro de tu subconsciente

¿Por qué ese paralelismo con la escuela? Pues porque tú, mente consciente, eres el maestro de tu pequeño unihipili que piensa como un niño pequeño.

> *Tras tu camino espiritual, debes liberar tus planos inferiores de consciencia de sus limitaciones. De ese modo, la energía de los planos superiores se activará de manera efectiva.*

Tu camino de vida se asemeja a los cursos escolares. Año tras año, las mismas asignaturas vuelven a tener sus horarios y sus exigencias son más elevadas a fin de que puedas ir desarrollando tus habilidades. Despertar a nuevas perspectivas y a una limpieza periódica de tus pensamientos y creencias en los diferentes contextos formarán parte de todas las etapas que jalonan tu camino en la vida. Por lo tanto, la comunión armoniosa entre tus planos de consciencia te dinamizará y facilitará integrar las lecciones que te dé la vida.

Eres además una guía para tus hijos, ten en cuenta, pues, una forma de prepararles para desarrollar su consciencia. ¡Qué gran legado que dejarles!

Tan sólo enseñado a nuestros niños y jóvenes a conocerse, a recuperar la dinámica del trío que los anima a enfrentarse a los desafíos que les surgen, y a relacionarse con los demás, podrían recuperar el control sobre sí mismos mucho antes y activar de manera positiva el motor de su propia evolución, en la medida que su madurez se lo permita.

Segunda Parte
Tu identidad

La naturaleza y la función de cada plano de consciencia

A través de las investigaciones realizadas por Max Freedom Long, se han conocido las características propias de cada plano de consciencia.[14] En los años noventa, tuve el privilegio de conocer a los investigadores universitarios que han continuado la misión del fundador del Huna Research. Ellos han seguido experimentando y validando los datos, compartiendo los resultados de sus descubrimientos en seminarios internacionales. Además, las enseñanzas que me ha prodigado Loretta Grabowski, profesora acreditada por este organismo, me han permitido establecer unos vínculos que he podido validar en el curso de mis prácticas. Incluyo aquí el modo en que he integrado ese conocimiento, el cual sirve de referencia para una mejor comprensión de los rituales hawaianos. Probablemente tendrás que recurrir a ellos para poder personalizar tus intervenciones. Comprenderás el porqué y el cómo de los resultados tan sorprendentes de este enfoque.

---

14. NDE: Características recogidas por Loretta Grabowski y desarrolladas por la autora.

Capítulo 4
Unihipili, tu espíritu subconsciente (ou-ni-hi-pi-li)

La naturaleza de tu unihipili

Tu mente subconsciente, unihipili, está considerada como el *low self spirit* de acuerdo con su grado de evolución. Yuxtaponiendo las características de un niño en edad preescolar predominantemente emocional a las de un ordenador, nos acercamos a una descripción que cubre las principales características.

En el emblema que ilustra los tres planos de la consciencia de todo ser encarnado, que has podido ver en el capítulo anterior, unihipili presenta una figura animal en el nivel más bajo, recordando así sus orígenes.

Es muy importante tener en cuenta el alcance de sus posibilidades, sin dejar de ser consciente de sus limitaciones y de sus creencias para interactuar eficazmente con tu niño interior. *¡Tú puedes educar a su subconsciente!* Éste es el objetivo que persigo al familiarizarte con su naturaleza. He aquí trece características que te permitirán comprender algunos puntos que implican su participación y también explicarte ciertos resultados.

1. **Tu mente subconsciente es la menos desarrollada del trío que te identifica.**

Como entidad independiente que es, tu subconsciente piensa de manera diferente a tu consciente y a tu supraconsciente. Esto es lo que aporta cierta confusión a tus pensamientos. Por tanto, es esencial comprenderla para identificarla y orientarla hacia un pensamiento unificado divinamente inspirado.

Esta mente llega a tener reacciones de supervivencia no adaptadas, vestigio del mundo animal de donde emerge, al interpretar un contexto a partir de recuerdos no racionales. El odio, el miedo, la hostilidad hacia los que pertenecen a grupos diferentes del suyo, la necesidad de marcar su territorio, la sensación de estar siempre amenazado, los reflejos de defensa inadecuados aparecen como manifestaciones de los comportamientos más primitivos. Evolucionando a través de sus experiencias, podrá hacer frente y adaptarse gradualmente a situaciones cada vez más complejas.

Puedes equiparar tu unihipili al de un niño de corta edad al que desde el plano consciente tienes la responsabilidad de educar, según su grado de evolución a través de una serie de encarnaciones más o menos largas, en lo concerniente al desarrollo. Ésta es la clave a tener en cuenta en el tipo de relación que tienes con él. Da un paso atrás, observa objetivamente sus reacciones y, cuando sientas una pérdida de energía, enséñale a ajustar sus pensamientos, creencias y emociones. Debes desarrollar una gran calidad de atención y no olvidar que se trata de un niño, de ahí la expresión «niño interior» a la que a menudo hacemos referencia. A ti te corresponde orientar pedagógicamente sus reacciones. Tu mente consciente, al ser la más evolucionada de las dos, no debe jamás dejarse influenciar por el subconsciente. Sería como entregar tu poder a las manos de un niño.

Puedes experimentar un verdadero placer al construir una relación sana con tu subconsciente aprendiendo a observar, interrogar y descodificar su lenguaje; a amarlo, a comprenderlo, a tranquilizarlo y a motivarlo a avanzar confiadamente en la dirección que tú le propongas. Es un mundo de descubrimientos salpicado de ensayos y errores que te aportará mucho entusiasmo en cada éxito. Para conseguirlo, será necesario acogerlo tal como es, aceptar su punto de partida, adaptar tus intervenciones y dedicar todo el tiempo que haga falta.

2. Tu subconsciente es incapaz de reaccionar lógicamente. Al igual que un ordenador, es incapaz de juzgar una situación o de leer entre líneas. Toda comunicación con él se interpretará literalmente, sin matices. Cuando le des nuevas instrucciones, afirmes o visualices nuevas condiciones, no debes dejar ningún resquicio a la interpretación. Las frases cortas son más eficaces para llamar su atención. Especifica siempre tus criterios de búsqueda y colócalos por orden de importancia cuando intervengas después de él. Cuida que ninguna frase se contradiga con otra y, sobre todo, evita cambiar de idea constantemente. Las dudas neutralizan el movimiento que deseas llevar a cabo y siembran confusión.

Asimismo, debes expresarte claramente y sin ambigüedades a la hora de estructurar una oración o de elegir las palabras que utilices. Tu subconsciente se queda principalmente con las palabras clave de cada frase. A menudo hace caso omiso de las negaciones, de ahí la importancia de formular tus pensamientos o tus afirmaciones en positivo. Cuando le dices por ejemplo «Yo no quiero estar enfermo», se queda con la petición: «Yo… enfermo» y busca ansiosamente la manera de complacerte. Yo he experimentado una situación similar con mis alumnos de preescolar al decirles: «A la hora del recreo, no quiero que os metáis en los charcos». Pues bien, todos fueron corriendo a los charcos porque lo que habían filtrado del mensaje fue: «Recreo… charcos». Aprendí, y cuando se me presentó una nueva oportunidad, les hablé de forma diferente: «A la hora del recreo, quiero que sigáis por la valla hasta llegar a la zona de juegos». Y recibieron la consigna eficazmente.

3. Tu subconsciente registra constantemente tus recuerdos. En nuestro quehacer diario utilizamos la memoria esencial de manera automática. Se trata de un ejemplo de cooperación casi perfecta entre tu subconsciente y tu consciente. Por el contrario, los recuerdos vinculados a una memoria registrada bajo un estado emocional más o menos fuerte aportan una distorsión de las reacciones difíciles de explicar en ciertos contextos. Desde la distancia y con una visión general de los acontecimientos que han marcado tu vida, reencontrarás el hilo conductor de tu trayectoria. Eso te guiará a la hora de preguntar a tu subconsciente con la ayuda de los puntos de vista que se proporcionan más adelante en este libro.

El unihipili pone al día de manera automática tu base de datos a partir de informaciones captadas sin saberlo o bien conscientemente. El tamaño de la memoria que puede reunir es impresionante, lo que lleva a algunas personas a situarlo en un nivel superior. ¿Concederías a tu ordenador el poder de elegir en tu lugar? Tu subconsciente es incapaz de interpretar, de juzgar. Tan sólo puede devolver a la superficie tus recuerdos grabados consciente o inconscientemente, y es capaz de buscar tanto tus recuerdos como los del universo. Si te entrenas regularmente con tu subconsciente, se iniciará un proceso de reformulación de los pensamientos que albergas. Poco a poco, llegarás a comprender tus programaciones anteriores como individuo o como miembro de grupos de pertenencia. Así por ejemplo, en tu familia, la repetición de patrones no pautados de una generación a otra te dará una pista acerca de lo que has captado.

Como mencionaba Allen P. Lewis, «Todos los pensamientos y todas las conversaciones que han circulado en torno al feto o al bebé, y más específicamente las de su padre y su madre, han sido captadas por su subconsciente en formación. En ese punto, las emociones que surgen de sus familiares quedan fuertemente impregnadas en el pequeño; ese ser vulnerable capta la energía del ambiente que le rodea, de ahí la importancia de ser consciente del entorno que se le ofrece» (Lewis, 1984, p. 153).

4. Tu subconsciente vive en el momento presente.
No tiene en cuenta el concepto de tiempo. Cuando son recordados por la mente consciente, todos los recuerdos almacenados desde la noche de los tiempos pueden ser revividos de nuevo por tu subconsciente como si fueran actuales. Un evento presente puede desencadenar reacciones muy inadecuadas cuando recuerda emotivamente una situación similar vivida en el pasado. Mi subconsciente, por ejemplo, no sabe la diferencia entre la situación que vivo como mujer de hoy y mis experiencias como niña en la infancia cuando el contexto que desencadena una reacción inapropiada es similar. La dificultad en llegar a un recuerdo no está unida a la lejanía en el tiempo, sino a la carga emocional con la que está conectada. Los recuerdos enterrados, ya sean lejanos o cercanos, suponen a veces resistencias, bloqueos o temores. Tu mente subconsciente se aferra entonces a las creencias no racionales que tiene almacenadas en su memoria. Corresponde al espíritu consciente identificarlas y juzgarlas para poder liberarlas de sus limitaciones.

5. Tu subconsciente aprende mediante la repetición.
La repetición de contextos, experiencias y mensajes captados es lo que permite instalar en tu espíritu subconsciente pensamientos y creencias. En tu evolución aprenderás a hacer limpieza de formas de pensamiento inadecuadas. A partir de ahí podrás además utilizar las repeticiones para instalar nuevas concepciones, afirmaciones y solicitudes. Cada nueva idea merece ser presentada varias veces y con el mayor número de formas posibles para impresionar a tu unihipili, a quien, dicho sea de paso, le encantan los rituales.

Para evitar neutralizar el efecto, tus pensamientos deben ser coherentes en todo momento. Las contradicciones que muestras, las afirmaciones que repites, las canciones que escuchas y tarareas, las lecturas que eliges, las acciones que llevas a cabo, las reacciones que produces, las actitudes que adoptas y, sobre todo, el lenguaje que utilizas debe testificar la dirección que elijas.

Tu unihipili busca complacerte del mismo modo que un niño trata de complacer a sus padres. Frente a las incoherencias, no sabiendo a qué atenerse, hace lo que buenamente puede. Si continuamente adoptas expresiones como «¡esto es un infierno!», atente a los resultados. Si eliges siempre películas violentas, examina el papel que en tu vida tiene la agresividad. Si sueles escuchar canciones tristes o derrotistas, observa tus emociones y tus reacciones frente a las cosas que te suceden.

Personalmente, como me gusta el riesgo, tenía el hábito inconsciente de identificarme como una persona temeraria.[15] Un amigo me hizo ver la conexión con las dos hernias discales que tengo en las vértebras cervicales y que a veces me hacían sentir como si tuviera el cuello roto. Una vez que seamos conscientes de las expresiones y palabras que empleamos –y en ese punto es bueno pedir ayuda a los que nos rodean–, tendremos que anular ese pensamiento clicando imaginariamente el comando [delete] (BORRAR), tal como veremos en el apartado siguiente.

Todas tus acciones repetidas, ya sea conscientemente o no, contribuyen a instalar en el subconsciente recuerdos indeseables. Pero siendo a cada instante consciente de tus pensamientos, podrás acceder a una nueva programación para la repetición.

6. Tu subconsciente es de naturaleza psíquica.

Tu subconsciente recibe constantemente las impresiones que le trasmiten los cinco sentidos y las almacena en su memoria. Todo, absolutamente todo, lo que ha percibido queda registrado. Ya sea directamente por medio de la televisión, las noticias, Internet, una canción, una lectura, una multitud, una conversación captada al

15. Juego de palabras. En francés *casse-cou* significa «persona temeraria» pero también, literalmente, «cuello roto», de ahí la referencia al dolor que provocan las hernias de las cervicales. *(N. de la T.)*

vuelo, en el interior de un autobús o en el seno de tu madre, todo lo que ha llegado al subconsciente, tu niño lo clasifica según la importancia que le otorgue. Tu subconsciente, por naturaleza sensible e impresionable, registra en primer lugar la emoción, después la imagen y, finalmente, las palabras que ha escuchado. Cuando la carga emotiva de un acontecimiento externo es familiar, puede actuar como si le perteneciera. Sus pensamientos y sus creencias se alimentan permanentemente de aquello que deja entrar, de este modo es como alberga recuerdos artificiosos.

En cuanto al pasado, podrás hacer una limpieza utilizando las técnicas que explicaré en cuarta parte del libro. A partir de ahora, te sugiero que sobre todo prestes atención especial a lo que habitualmente eliges. Haz un inventario de aquello que suele ocupar tu espíritu. Ten en cuenta el tiempo que le dedicas. ¿De qué nutres tu espíritu? ¿A quién frecuentas? ¿Qué tipo de conversaciones tienes? ¿Cuáles son sus gustos respecto al cine, espectáculos, lecturas, música? En todo momento, el objeto de tu atención es un buen indicador de lo que suele suceder en tu vida, pues tu unihipili interpreta tus opciones como deseos. Elige, clasifica, ganarás con ello.

Si aun así, eres testigo de temores, mentiras, agresiones, palabras negativas u otros mensajes indeseables, a partir de ahora puedes impedir que tu subconsciente lo registre.

He aquí lo que yo hice para intensificar mis programaciones. Podría ser que ello te inspirara para crear tus propios códigos de comunicación.

Teniendo en cuenta que mi mente subconsciente funciona como un ordenador, pongo en marcha mi programación. Hay teclas muy familiares, como [enter] (INTRODUCIR) y [delete] (BORRAR). En cualquier circunstancia, utilizo ese código conocido pensando mentalmente en la tecla adecuada, apoyándome en ellas para elegir los mensajes que quiero dejar entrar. La primera vez me tomo la molestia de aclarar mi código. Mi subconsciente, que no diferencia entre ficción y realidad, seguirá mis instrucciones sin rechistar.

La orden se explica una vez, pero puede repetirse cuando sea necesario. En cualquier contexto en el que se integran de forma voluntaria los mensajes beneficiosos, puedo optar por intensificar una programación. Por ejemplo, cuando asisto a una conferencia muy interesante, tecleo mentalmente INTRODUCIR para señalar a mi subconsciente que ese recuerdo es importante para mí. Si en la charla hay unos minutos en los que la realidad que se expone no es de mi interés, tecleo BORRAR durante la secuencia que quiero eliminar. Este procedimiento puede aplicarse en numerosas circunstancias.

Tu uhane puede entrenar a tu unihipili para que éste encuentre o desarrolle habilidades psíquicas para acceder a un gran directorio de información. La iniciación a la radiestesia es un ejemplo que expongo en el último capítulo de este libro. Son muchos los autores, como Barbara Ann Brennan con su libro *Le pouvoir bénefique des mains (El poder benéfico de las manos),* que ofrecen otras excelentes estrategias para explotar una multitud de dones que no piden otra cosa que emerger. Si deseas motivar tu unihipili elige desarrollar aquel que más te atraiga. Te aconsejo que te tomes el tiempo necesario para establecer una buena colaboración con tu niño interior, anotar sus progresos y animarlo con amor, paciencia y perseverancia durante su formación. ¿Cuánto tiempo has necesitado para aprender a caminar? ¿Te has caído? ¿Te has levantado? Si los bebés se juzgaran y desalentaran en sus primeros intentos, no habría apenas seres humanos que pudieran mantenerse de pie. Todo aprendizaje exige tiempo y energía.

7. Tu subconsciente está sujeto a sugerencias de tipo hipnótico. Ha estado programado desde el exterior durante tu más tierna infancia, a una edad en la que el niño es muy permeable a las formas de pensamiento que circulan en su entorno. En esa época, has registrado numerosas escenas que han tenido lugar frente a ti. Sin tu conocimiento, las personas que han formado parte de su entorno (los miembros de tu familia, quienes te cuidaban, tus amigos) influyeron enormemente en tus pensamientos y tus creencias. Más tarde, los mensajes que te enviaban los medios de comunicación, la sociedad, los gobiernos, la religión, etc., continuaron impregnándote. Esto es en parte lo que origina ciertos comportamientos inexplicables, como los miedos, las fobias, las aversiones o las limitaciones que guían tus reacciones cotidianas a pesar tuyo. Esto se relaciona con el hecho de que los niños pequeños, a diferencia de los adultos, se encuentran más frecuentemente en un estado de consciencia de ondas alfa, las cuales favorecen la programación.

Al envejecer, las ondas alfa se activan específicamente en la fase de relajación que precede al sueño o incluso a la vigilia. Es un momento idóneo para iniciar una nueva programación. También se puede llegar a este estado conscientemente, mediante el yoga y la respiración Ha, de lo que se habla en el último capítulo.

Por otra parte, si decides trasformar los datos de tu «programa» para orientar tu vida de un modo diferente, ello implica buscar la colaboración de tu unihipili, el cual jugará un papel clave en la impresión de las nuevas formas de pensamiento en enfoques como la hipnosis, la autohipnosis, las afirmaciones, etc.

8. Tu subconsciente confunde con facilidad realidad y ficción. Para llamar su atención, haz hincapié en los efectos sorpresa, en la novedad y la originalidad. Él está dispuesto a creer todo lo que le dices, sobre todo si te muestras persuasivo. Yo tuve esa experiencia en el mes de marzo de 1993, cuando improvisé un placebo en una cuestión de emergencia.

Yo iba conduciendo el coche por la Autopista 15 y noté que me estaba sintiendo extremada y peligrosamente débil. La hipoglucemia, de la que aún no me había curado, estaba haciendo de las suyas, y yo no tenía nada que llevarme a la boca. Me detuve, yo sabía que debía llamar la atención de mi subconsciente para controlar la situación. Teniendo en cuenta que él, al igual que un niño pequeño, no diferencia entre realidad y ficción, decidí «jugar a los médicos». Me vino la idea de hacer una receta de urgencia. Saqué rápidamente de mi bolso un papel y una agenda. Hice de ella un libro de recetas a fin de impresionarle.

Buscando unos efectos que impresionaran a mi subconsciente, me vinieron a la mente unas imágenes un tanto absurdas. Todo sucedió a la velocidad de un rayo. Asocié diabetes e inyección, medicación y dulces, y después pensé en sumar la luz, como energía de gran alcance. Me dije a mí misma que estaba haciendo una receta médica y empecé a escribir a la velocidad de un médico:

Inyección de luz rosa veteado con las siguientes propiedades:
1) equilibra el nivel de azúcar en sangre,
2) aporta la energía requerida.

Informé asimismo a mi subconsciente de que la receta médica era urgente y que era necesario que funcionara de inmediato. Hice como si buscara una jeringa en mi bolso; después, imité los gestos de pincharme en el brazo y de sentir el leve dolor del pinchazo de la aguja con el convencimiento de que reaccionaría con los bellos colores de la inyección. Me quedé estupefacta, pues de inmediato me sentí con plena capacidad para seguir circulando por la carretera. ¡Acababa de descubrir una estupenda manera de colaborar con mi subconsciente!

Esto no es una receta, se trata de una idea que se puede adaptar a tu imaginación y tus circunstancias en situaciones de urgencia. El éxito de ello radica en la relación que establezcas con tu subconsciente y también en otros éxitos anteriores que reafirmarán tu fe en los resultados esperados.

9. Tu subconsciente se vuelve «tu consciencia».
Él actúa y reacciona de acuerdo con los recuerdos, las creencias, las ideas y las costumbres con las que ha sido programado. Tu pequeño

unihipili ha captado indiscriminadamente los mensajes que han llamado su atención, ya le pertenezcan o no, y no es capaz de juzgar. Sin hacer clasificaciones, queda sumergido en un estado de confusión del que sólo tú, espíritu consciente guiado por tu supraconsciente, puedes sacarlo.

Desde tu concepción, tu subconsciente ha grabado constantemente los pensamientos y las creencias actuales que han circulado en torno a él. Las ha hecho suyas sin tu conocimiento, elaborando así unas referencias que te hacen pensar y actuar. Dado que durante mucho tiempo has permanecido en la inconsciencia, han quedado en ti formas de pensamiento muy a menudo contradictorias. Ése es el motivo de todas las «oraciones» no atendidas.

Es muy importante intervenir en tu consciencia a fin de sentar las bases de tus creencias fundamentales bajo la benévola luz de tu aumakua. Según la tenacidad de tu subconsciente en relación con ciertas limitaciones establecidas, tal vez será necesario borrar frente a él tu antigua programación y proponerle una nueva. De ello hablaremos en el capítulo 9.

10. Tu mente subconsciente es la sede de tus emociones.
Ella es la fuente de tus emociones. Tu unihipili, reaccionando como un niño, necesita mucho que tú le acompañes, pues tiene que aprender a manejar las emociones. La consciencia de los disparadores te dará, en cuanto espíritu consciente, el privilegio de elegir tus reacciones en un momento dado.

En cualquier circunstancia, tú tienes siempre una última elección, la de tu reacción. Esta trasformación se activa mediante un cambio de perspectiva inspirado por tu Yo divino. Calma tu subconsciente y haz que te siga en esa dirección.

Hay varios estímulos, los contextos, los sonidos, el olfato, la vista, que como recordatorios pueden provocar reacciones inesperadas. El unihipili puede llevarte a derramar lágrimas, a expresar reacciones instintivas, a sentir una fuerte atracción, etc. Esto también te proporciona información sobre tus emociones más profundamente enterradas. Agradéceselo.

Tu subconsciente alberga tu ego, el ego aparece como el lado oscuro de ti mismo pidiendo ser reconocido para dirigir mejor tus intervenciones. El resentimiento, el miedo, la culpa, la envidia y la ira, así como la alegría, el entusiasmo, la emoción, la pasión y el deseo son emociones de tu mente subconsciente. Dependiendo del estado de malestar o de bienestar que produzcan, invitarás a tu pequeño unihipili a trasformarlas o aumentarlas. Las reacciones negativas se activan por los sucesos no controlados del pasado que prueban que los residuos emocionales persisten. Eres tú quien tiene que limpiarlas.

Tu subconsciente expresa sus sufrimientos o sus heridas de diferentes maneras. Con frecuencia, temiendo enfrentarse a la realidad, retrocede hacia la negación y erige un potente sistema de defensa. En otras ocasiones, se siente amenazado en su supervivencia, se pone en posición de ataque, alimentando sin cesar los conflictos. Llega también a desvalorizarse, a rechazar y adoptar unos comportamientos que incitarán al abandono.

Conectando abiertamente con las motivaciones profundas que te han hecho reaccionar de manera inadecuada, te verás iluminado por los recuerdos erróneos que han orientado tu camino en la vida. Si quieres sinceramente cambiar de trayectoria, tu aumakua te propondrá unos sucesos impactantes capaces de despertarte. Dale las gracias por ayudarte a reencontrar el hilo conductor de esos esquemas repetitivos que han jalonado tu vida. En las mismas circunstancias, ahora tienes el poder de elegir con discernimiento una reacción iluminadora y liberadora.

Debes estar atento, pues el unihipili habla con frecuencia con ayuda de códigos o símbolos. Puede incluso atacarte física o psíquicamente para demostrar que necesita ayuda. Se expresará por medio de una depresión, una enfermedad o incluso un accidente. En mi caso, la fuerza de mis resistencias atrajo a mi vida una multitud de manifestaciones de ese tipo. Eso fue lo que me llevó finalmente a preguntarme, a buscar las causas de mi desequilibrio y a liberarme de manera determinante.

11. Tu subconsciente no duerme nunca.

Siempre está despierto, incluso cuando tú estés anestesiado o en estado de coma. Yo lo experimenté con una mujer que se encontraba en coma. Las personas que la visitaban no creían que ella pudiera escuchar lo que hablábamos y discutían de temas diversos en la cabecera de su cama suponiendo que no oía nada. Yo me acerqué a ella, puse un dedo sobre su mano y le pedí que la cerrara si me escuchaba. Feliz de sentir la presión de su mano, invité a sus familiares a que repitieran esa experiencia. Ya no estuvo sola.

Esta idea me ha venido a la mente recordando lo que me sucedió durante mi hospitalización en el Hôtel-Dieu de Montreal a consecuencia de mi sexta meningitis. Postrada en la cama, en una camilla de la sala de urgencias, sentía que me moría. La intensidad del dolor era la más fuerte que nunca había experimentado. Tenía la sensación de que si respiraba muy fuerte mi pecho, del grosor de un papel de seda, se desgarraría. Con los ojos cerrados sentía la presencia de mi hermano pequeño, de mi madre y de mi padre. Me liberé del sufrimiento tomando otra forma, salí suavemente de mi envoltura corporal por encima de la cabeza y me elevé sobre mi cuerpo inerte, mientras veía, escuchaba y, sobre todo, sentía las emociones de mis familiares. Traté en vano de calmarlos diciéndoles que entonces yo me sentía bien. ¡Qué pena! Si hubiéramos podido comunicarnos con la ayuda de un código comprensible, como hice con la persona que estaba en coma, me hubieran podido preguntar y saber que todo aquello era extraordinario. Yo seguí mi ascenso, observándolos impotente, abandonando el mundo físico hacia la luz para después volver a la tierra y acabar mi vida.

Sólo tenía veintiocho años. Una vida rica en experiencias variadas formaba parte de mi proyecto vital. ¡Vamos, arriba! Y seguí aquí.

12. Tu subconsciente es el guardián de tu cuerpo.
Él tiene pleno control de todas las funciones de tu cuerpo, a excepción de tus músculos voluntarios, que revelan la intervención de tu consciente. Tiene capacidad tanto para curarte como para hacerte enfermar, según su programación. Con frecuencia utiliza el cuerpo como su vehículo de expresión. Cuando comprendas bien los mensajes que quiere hacerte entender, podrás influenciar y dirigir adecuadamente tu subconsciente. Podrás recomponer tu equilibrio.

El poder de curación está en tus manos una vez que participes activamente en tu propia liberación.

Avanza con fe, entrena tu subconsciente y deja que salga tu Yo divino. ¡Acaba con las resistencias, las tensiones y los trastornos! Escucha tu intuición y sabrás cómo avanzar. En el capítulo 7 encontrarás ejemplos de peticiones que podrán ayudarte a comprenderlo. Estás invitado a pasar de la dualidad a la unidad, a concentrar todas tus energías en un objetivo común. De este modo, tus tres planos de consciencia se armonizarán en una misma finalidad vinculada a tu salud. Ellos manifestarán tus formas de pensamientos en tu cuerpo, en tu vida.

13. Tu subconsciente actúa de mensajero entre tu mente consciente, tu uhane, y tu Yo divino, el aumakua.
Posee la capacidad de unirse a tu supraconsciente por medio del cordón aka, llamado también «el cordón de plata». La energía mana y las peticiones dirigidas a tu aumakua necesitan siempre su colaboración. A fin de acceder a tu Yo divino, debes buscar en primer lugar su apoyo, de ahí la importancia de calmarlo, de tranquilizarlo e incluso de limpiar sus pensamientos y sus creencias según la naturaleza de los cuidados deseados.

Tabla 4

Tu espíritu subconsciente

1. Tu subconsciente es el espíritu menos evolucionado del trío que te identifica.
2. Tu subconsciente no puede razonar lógicamente.
3. Tu subconsciente registra constantemente tus recuerdos.
4. Tu subconsciente vive en el momento presente.
5. Tu subconsciente aprende mediante la repetición.
6. Tu subconsciente es de naturaleza psíquica.
7. Tu subconsciente está sujeto a sugestiones de carácter hipnótico.
8. Tu subconsciente confunde fácilmente realidad y ficción.
9. Tu subconsciente se vuelve «tu consciencia».
10. Tu subconsciente es la sede de tus emociones.
11. Tu subconsciente no duerme nunca.
12. Tu subconsciente es el guardián de tu cuerpo.
13. Tu subconsciente actúa de mensajero entre tu consciencia, tu uhane, y tu Yo divino, aumakua.

La energía mana, la energía de base

La fuerza vital reconocida por los kahunas tiene tres niveles de potencia equivalentes a tres tensiones diferentes. El unihipili, tu subconsciente, se encarga de gestionar toda tu energía, a menos que tú intervengas conscientemente para orientarlo según tu voluntad. Elabora la energía de base y la trasforma en tensión para la utilización de cada uno de tus tres planos de consciencia.

En primer lugar utiliza tu energía vital para mantenerte con vida, después almacena su reserva de mana en su propio cuerpo etérico hasta que tu uhane la utilice en forma de «mana-mana»[16] o para que tu aumakua lo haga en forma de «mana loa»,[17] como veremos más adelante.

---

16. Palabra hawaiana que significa «subdivisión, ramificación de la fuerza vital».
17. Palabra hawaiana que significa «la mayor fuerza vital».

Cuando tu mente consciente requiere un aporte de energía para, por ejemplo, profundizar en una reflexión, tu subconsciente reparte y ajusta su energía mana-mana de forma automática.

La energía mana circula sin cesar entre las personas. Si no tienes cuidado es posible que vivas unas fluctuaciones de energía importantes en tus interacciones con los demás. Esto es lo que sucede cuando reaccionas llevado por tus emociones y tus creencias frente a sucesos o a las persona. En *La prophétie des Andes,* James Redfield y Carol Adrienne ofrecen claros ejemplos de estos movimientos de energía en los conflictos humanos.

Podemos establecer el mana de bajo voltaje en materiales porosos con la ayuda de formas de pensamientos como la protección, el amor y la sanación. Es curioso observar que en Hawái, los kahunas, con mujeres entrenadas para esa tarea, se colocaban detrás de los combatientes para cargar con energía mana los palos que servían de armas defensivas. Cuando las armas tocaban a los atacantes, éstos se desplomaban sin conocimiento gracias a la carga energética (Glover, 1983, p. 15). Los aborígenes australianos tenían una práctica similar en forma de bumeranes que retornaban al lanzador tras haber golpeado al adversario (Long, 1958, p. 15).

A partir de los experimentos de Max Freedom Long, parece ser que materiales como la madera, la piedra, el papel y algunos tejidos son idóneos para retener la energía durante cierto tiempo. Asimismo, en ellos se indica que el aporte de la energía mana en los alimentos retarda su deterioro, mientras que en cambio revitaliza el agua (Long, 1948, pp. 70 y 99).

El cuerpo etérico kino-aka de tu subconsciente

La sustancia aka

Tu subconsciente almacena el mana, tu energía vital, en su kino-aka, su cuerpo etérico, formado por una sustancia que en hawaiano se identifica como la sustancia aka. Este cuerpo se amolda perfectamente a tu cuerpo físico. El unihipili controla por completo la sustancia aka, que forma el cuerpo etérico individual de cada uno de tus otros planos de consciencia.

Según Edgar Cayce, la masa del cuerpo etérico es de tres gramos. Este cuerpo de energía rodea e impregna cada célula, tejido, músculo, órgano y flujo de tu cuerpo físico. A la vez que ocupa su interior puede asimismo deslizarse fuera de tu envoltura corporal como en un viaje astral. En este último caso, es el cuerpo etérico del subconsciente el que se desplaza, mientras que el cuerpo físico descansa en el lugar de salida.

Densa y fuertemente adherida, la sustancia aka se aferra a todo lo que se une y lo registra en la memoria. Muchas de las experiencias de percepciones extrasensoriales se basan en el uso de la sustancia aka. Los cinco sentidos, estando reproducidos en el cuerpo etérico de tu subconsciente, tienen la posibilidad de poderse utilizar para múltiples funciones, como enviar y recibir por medio de la telepatía, hacer viajes astrales, hacer circular formas de pensamientos, grabar la memoria o incluso para para recordar acontecimientos.

En la telequinesia, puede considerarse la sustancia aka como una varilla para mover objetos. En los casos de medios de materialización espontánea, los médiums utilizan esta misma sustancia, comúnmente conocida como «ectoplasma».

En las experiencias cercanas a la muerte o en la regresión, así como en un viaje astral, tu cordón aka mantiene la conexión con tu cuerpo físico. De este modo uno puede volver con facilidad.

Los circuitos de comunicación

Constantemente, tu subconsciente graba sin ningún tipo de filtro todos los pensamientos y los estímulos que se presentan. Los clasifica en tu «disco duro», en el interior de la sustancia aka de tu cerebro.

«Cada pensamiento que surge se alinea con los nuevos pensamientos y con otros relacionados con estos últimos. Éstos se estructuran en grupos que se denominan "formas de pensamiento"» (Long, 1948, p. 128).

A partir de la materia aka, tu subconsciente elabora las formas de pensamiento y los hilos conductores. Pueden compararse a cables eléctricos a través de los cuales viajan las formas de pensamiento y las percepciones, a lo largo de esos cables se establece el contacto entre dos personas. Mediante tu capacidad para establecer conexiones a través del aka, formas parte de una red inimaginable que se extiende hasta el infinito. Tu subconsciente sabe cómo vincular una persona, un lugar, una realidad sin tener en cuenta las limitaciones de espacio o de tiempo. En la telepatía, tu mente sigue al instante el circuito adecuado para contactar con la persona elegida. Tu subconsciente localizará al interlocutor allá donde esté más fácilmente que con un teléfono móvil o por Internet, ya que no necesita antenas o satélites.

La energía mana sirve para facilitar la trasmisión de todas las formas de pensamiento que implica básicamente dos canales de comunicación:

1. Un circuito intrapersonal por medio del cordón aka, con frecuencia llamado «cordón de plata», que enlaza tus tres planos de consciencia: unihipili, uhane y aumakua. Este circuito está claramente ilustrado en el capítulo 3.
2. Un circuito internacional hacia el cosmos, hacia el entorno humano, animal y físico. Tu subconsciente navega fácilmente en el espacio y en el tiempo. Dirige el mana por medio de los hilos aka que trasportan también las formas de pensamiento. Este enorme lienzo lo capta todo, y ello demuestra que un único vínculo une a todos los seres humanos entre sí.

Esa constante te señala que existe un vínculo que une finalmente a todos los humanos.

Deja de ver a los demás como extraños, ya que tú perteneces a la misma fuente. Deja de percibir tu entorno como algo externo a ti. Todos evolucionamos en un mundo de relaciones en las que unidos somos uno. Las partes son inseparables del todo. La separación y la competencia provocan el desequilibrio, mientras que la unidad restablece la armonía. Para impactar sobre el todo, cada persona tiene que actuar sobre sí misma, sobre sus propias formas de pensamiento orientadas hacia la unidad entre sus planos de consciencia.

Capítulo 5
Uhane, tu espíritu consciente (ou-ha-né)

La naturaleza de tu uhane

Tu uhane se refiere a tu parte adulta, consciente, apta para razonar y tomar decisiones. Representa la parte intermedia de tu yo, la cual, dejándose impregnar por la sabiduría de tu supraconsciente, desea que evolucione tu subconsciente. En la estatuilla encontrada en Nueva Zelanda, uhane ocupa naturalmente la parte central y está representada con un rostro humano, con brazos y las piernas alrededor del cuello de su unihipili. He aquí las cinco características de la mente consciente:

1. Tu consciente refleja tu condicionamiento pasado y presente. Dado que tu subconsciente recoge tus pensamientos y creencias para siempre y que tu vida los refleja, debes enfrentarte continuamente al resultado de esta programación. Para identificar lo que está impreso en tu consciencia, escúchate a ti mismo. Quédate con las palabras utilizadas en la escritura simultánea. Óyete hablar, estate atento a tu léxico y a tus expresiones coloquiales. Mírate actuar como si fueras un espectador de tu propia vida y observa con objetividad el modo en que interactúas con los demás. Todo esto te invita a dar un paso hacia atrás y percibir tus experiencias pasadas desde otro ángulo. ¿Tienes alguna idea de lo que estás hablando?

Si has desarrollado esta apertura de consciencia de ti mismo, ¿has pensado en invitar a tus hijos a caminar en esa misma dirección? Ellos están preparados para hacerlo desde que muestran una actitud de reflexionar objetivamente sobre su propio comportamiento. Si yo fuera aún una maestra de primaria, me vería muy motivada a ayudar a mis alumnos a desarrollar esa consciencia. Los niños están preparados para considerar la naturaleza de sus interacciones con los demás para sanarlas. Bien guiados, darán un paso atrás y se preguntarán cómo reaccionar en diferentes contextos a fin de sentirse mejor. Despertarán antes a considerar lo que ellos imprimen como mensaje y a cuestionar las creencias que les motivan a actuar. Realizarán elecciones conscientes. Se trata de un hermoso regalo para ellos, para su crecimiento tanto en el hogar como en la escuela.

Mi amigo Denis tuvo la oportunidad de introducir a su hija en la introspección desde edad temprana. Cuando Adele vivía un conflicto en el colegio, él le sugería que considerara su clase como una obra de teatro y a sus compañeros como actores. ¿Eran previsibles? ¿Eran fieles a su papel? ¿Qué estrategias utilizaban para contactar con ella? ¿Cuál era su reacción? ¿Por qué? ¿Le hacía bien eso? ¿Habría podido reaccionar de otro modo? Todas estas preguntas tenían como objetivo concienciarla sobre sus condicionamientos comunes y que pudiera darse cuenta de que siempre podía elegir el modo de reaccionar. Ella, al volver a casa, solía contarle de manera espontánea cómo le había ido en la escuela, y antes de que él interviniera le decía: «Sucedió esto, reaccioné de esta manera, y debería haber elegido reaccionar de esta otra, pues me habría sentido mejor». Los niños son capaces de observar las reacciones que alimentan los conflictos y las actitudes que contribuyen a diezmar la energía. Todo el mundo puede comprobar que mediante la gestión de las emociones y cambiando tan sólo su papel, puede provocar un nuevo resultado. De este modo, nuestros jóvenes pueden responsabilizarse, que no culparse, de las experiencias que atraen. Eso no excluye la pérdida de energía en algunas situaciones más difíciles, pero ayuda a entender cómo uno incide en las situaciones que se presentan y a decidir cómo actuar para trasformar un desencadenamiento predecible.

2. La imaginación y la visualización son los resortes de tu consciencia.

Es tu mente consciente la que estimula tu imaginación para visualizar el futuro que proyectas. Clarifica el objetivo que visualizas y haz inventario de todo lo que impresiona normalmente a tu unihipili. Tu niño interior es muy maleable. Debes actuar para añadirlo a la visualización que elijas.

Actúa a partir de imágenes para reforzar tu proyección y sobre todo a partir de imágenes positivas que puedas producir a voluntad y también ampliar, como hacen los actores. Tú eres el artista de tu vida. Sé imaginativo y convincente para hacer partícipe a tu subconsciente de la creación de tu futuro. Finalmente, permanece coherente con tu elección, es así como concentrarás su atención.

Junto con otros miembros de un colectivo, puedes visualizar un proyecto que sea importante para ti. Cuando las personas que componen una sociedad deciden concretar sus sueños y expresar un sincero deseo de salir de los viejos patrones de pensamiento activando su creatividad e intensificando su fe en un mundo mejor, los resultados son espectaculares. ¡Contagia tu entusiasmo!

3. Discernir entre el bien y el mal aumenta tu espíritu consciente, el cual tiene poder para ejercer su libre albedrío.

La capacidad para reflejar el consciente es notablemente superior a la del subconsciente. Frente a una elección, moviliza tu atención y tómate un tiempo para observar lo que está pasando dentro de ti y a tu alrededor. Pide ayuda a tu aumakua para decodificar las señales que se te envían, relacionarlas, discernir lo que te conviene y elegir. Está en ti el hacerlo. Tu consciente tomará decisiones libremente a partir de la observación, el análisis, la lógica, el razonamiento, etc., capacidades que le son propias, o fiándose de sus sentidos y dejándose guiar por su intuición, por su supraconsciencia.

Una buena decisión no es siempre aquella que te resguarda de cualquier dificultad, sino la que te hace crecer y confiar en tus propios recursos. Cuando te arriesgas a avanzar en la buena dirección, la que te libera de limitaciones, se trata de un movimiento decidido por tu espíritu consciente, el cual acepta la inspiración de buen grado. La voluntad y el compromiso de actuar, así como la opción de seguir los mensajes divinos, revelan esencialmente tu uhane.

Toma los medios para discernir lo que es bueno para ti. Recuerda que debes mantener la unidad entre tus niveles de consciencia. El uhane sólo te tiene a ti, mente consciente, para suavizar tu unihipili, buscar la inspiración de tu aumakua y guiarte confiadamente. Adopta un óptimo estado de receptividad mediante la respiración Ha, los ejercicios de yoga o la meditación para poder estar lúcido e informado.

Tú eres el responsable de tu evolución.

4. Tu mente consciente tiene sus propias convicciones.

Esas convicciones no son necesariamente compartidas por cada uno de los planos de consciencia que forman tu trinidad. ¿Has sentido alguna vez una tensión entre tu subconsciente, que te frena con sus resistencias; tu consciente, que busca una respuesta lógica a una situación; y tu superconsciente, que te incita a dejarlo pasar? Es un estado de confusión que bloquea. En tal caso, se pueden realizar diversas acciones.

La primera es la de preguntar a tu subconsciente sobre sus creencias y emociones. Es importante mantener una comunicación con él e intentar comprenderlo compasivamente para hacerlo evolucionar. Cierra los ojos y explora tus emociones evocando una palabra, un mensaje, una visualización o una canción. Encontrarás pistas que te permitan recoger la información que buscas. Toma un lápiz y escribe sin censura todo lo que te viene en mente, tras unas cuantas páginas, tu subconsciente te revelará lo que esconde.

Tu consciente debe recuperarse para informar de los excesos de emociones de tu niño interior. Utiliza tu poder para calmar y tranquilizar a tu subconsciente. Invítalo a sentir un estado de ánimo agradable describiéndole el efecto que buscas. Pon a trabajar tu creatividad. Este papel de influencia es extremadamente importante. Tu mente consciente tiene el poder de trasformar las percepciones de tu unihipili.

A continuación, invita a tu pequeño *uni* a abrirse a la guía de tu supraconsciente, explicándole que esto lo hará bien. Recuérdale regularmente que tu prioridad reside en mantener el contacto con tu aumakua, fuente de luz.

Después, deja de prestar atención a los signos. Las respuestas se presentarán bajo las más variadas formas.

5. Tu consciente debe contar con la cooperación de tu subconsciente para reunir o fijar recuerdos.

Todo lo relativo a la memoria es un proceso automático que ocupa constantemente tu subconsciente. Tu mente consciente no puede recordar nada sobre sí misma, necesita totalmente la cooperación de tu subconsciente, de ahí la importancia de establecer una gran complicidad entre ellos. A partir de ahí, puedes influir en lo que aceptas o rechazas como programación.

Hay varios caminos para facilitar el acceso de tu mente consciente, no sólo a tus recuerdos, sino también a las creencias que tienden a cristalizar. Esta nueva comprensión te permitirá orientar mejor tus intervenciones conscientes antes de iniciar un proceso de cambio, a fin de que puedas encontrar el acceso que te convenga. Por mi parte, ha sido el péndulo el instrumento que me ha permitido encontrar ciertos tonos que me permitieron aprovechar ciertas sutilidades muy interesantes.

6. El principal papel de tu uhane estriba en elevar las vibraciones de tu unihipili a fin de graduarlo a un nivel superior de consciencia.

La madurez de tu espíritu consciente, comparable a la de un adulto, le otorga un papel de guía cerca de tu subconsciente. Como tu aumakua está cerca de ti, tú juegas un papel parental determinante en la guía de tu unihipili. Prestando atención a sus reacciones, a los mensajes que intenta trasmitirte, podrás apoyarlo a través de las experiencias que tengas. Debes pues mostrar un amor incondicional hacia tu subconsciente, ser paciente, reconocer sus progresos y felicitarlo. Como hemos visto en el capítulo 3, en el proceso de evolución de los planos de consciencia tu misión es «graduar» tu unihipili, prepararlo para convertirlo en uhane.

Gradualmente, llegarás a través de una presencia a lo que sucede en ti. Consciente de los pensamientos y emociones producidas por tu *uni,* le recordarás regularmente que las ajuste divinamente, un mensaje que él captará de inmediato. Estas intervenciones contribuyen a mantener la unidad entre tus planos de consciencia. Entonces, dejarás de estar dividido entre las resistencias de tu subconsciente y los mensajes de tu Yo divino. Esta evolución se acelera cuando los beneficios se manifiestan de manera tangible. Con sólo iniciar el experimento desearás invertir cada vez más en la relación consciente con tu pequeño *uni.* Tómate tu tiempo. Inspírate en los mensajes de tu supraconsciente y adopta la pedagogía propugnada hacia la primera infancia para regular tus actuaciones como padre con amor y paciencia.

Tabla 5

Tu espíritu consciente

1. Tu uhane refleja tu condicionamiento pasado y presente.
2. La imaginación y la visualización son las piezas claves de tu consciencia.
3. Discernir entre el bien y el mal hace saber a tu espíritu consciente que tiene el poder de ejercer su propia voluntad.
4. Tu espíritu consciente tiene las convicciones que le convienen.
5. Tu consciente debe asegurar la colaboración de tu subconsciente para unir o guardar los recuerdos.
6. El papel principal de tu uhane consiste en elevar las vibraciones de tu unihipili para ajustarlas al nivel de consciencia más cercano.

La energía mana-mana de potencia media

Si mides el voltaje de la energía utilizada por el cerebro en comparación con la del resto de tu cuerpo, te darás cuenta de que la actividad cerebral implica una mayor fuerza vital. Mana-mana, la energía utilizada por tu uhane, significa «dividir, compartir el mana». Esta fuerza amplificada gracias a la ayuda de tu subconsciente, la utiliza tu mente consciente sobre todo para las actividades del cerebro relacionadas con la mente y la voluntad.

- La recopilación de información, el análisis, la comprensión, la reflexión, la resolución de problemas, la toma de decisiones y la planificación.
- El uso de tu voluntad para guiar, dirigir y reprogramar tu subconsciente.
- La utilización de tu creatividad para motivar tu subconsciente.

El cuerpo etérico kino-aka de tu consciencia.
Tu consciencia reside en su propio cuerpo etérico, ocupando una zona situada dentro y alrededor de la cabeza. El cuerpo etérico de la consciencia y de la subconsciencia se entrelazan en este espacio. Se encuentra cerca del centro del tercer ojo, también conocido como la sede de la consciencia, donde se produce la comunicación entre los tres planos de consciencia.

El cuerpo etérico de tu consciencia es mucho menos denso que el de tu subconsciencia y no parece contar con las mismas cualidades asociadas para formar los hilos. La sustancia aka que lo forma sirve de vehículo para trasportar la energía mana-mana que el cerebro necesita para la reflexión y la voluntad.

Capítulo 6
Aumakua, tu espíritu supraconsciente (a-ou-ma-kou-a)

La naturaleza de tu aumakua

En el tótem que representa los tres planos de consciencia, tu mente aumakua queda entronada sobre la escultura. Evoca la imagen de un hombre y una mujer abrazados, unidos en un cuerpo alado que representa el nivel de elevación de tu ser espiritual o divino. Ciertas características permiten comprender mejor la naturaleza de ese espíritu superior que corresponde a la presencia individualizada del ser supremo de cada persona:

1. **La fusión de los polos masculino y femenino caracteriza a tu espíritu superior, aumakua.**

Tu supraconsciente, símbolo andrógino, costa de dos energías unidas en perfecta unión. Aparece como un único ser que encarna la esencia divina de dos polos que se unen. Los hawaianos vieron el símbolo de «padres amorosos dignos de confianza», un indicador de la relación que une el supraconsciente con otros niveles de consciencia.

2. **En el plano de tu aumakua se establece el contacto con el Creador y los planos superiores.**

No tienes nunca que buscar a quien dirigirte para obtener apoyo, pues tu supraconsciente se ofrece a sí mismo como respuesta más adecuada a tus demandas. Lo hace de forma automática a menos que tú manifiestes el deseo consciente de unirte a una energía particular en planos superiores. En tal caso, a petición de tu uhane, establece el contacto deseado.

De hecho, sanando la relación con tu pequeño unihipili para dejarte guiar en todo momento por tu aumakua, percibirás la fuerza de la energía de los planos superiores. ¡No hay por qué añadir una etiqueta con la procedencia!

3. **El espíritu supraconsciente juega a la perfección su papel parental junto a ti.**

Te ama de manera incondicional, te acompaña con sabiduría y respeto inspirándote en cada momento en tu vida cotidiana. Sabe que puedes crecer por medio de tus propias experiencias, no interfiere en tus elecciones conscientes, pues cuentas con tu libre albedrío. Antes de su actual encarnación, decidió concertar contigo tu viaje terrenal. Tú eliges la ruta, pero no puedes cuestionar el destino. Como él te conoce mejor que tú mismo, te envía constantemente mensajes para recordarte su rumbo y orientar tus pasos.

Si desarrollas tu consciencia y estás dispuesto a tomártelo con calma, podrás comprender los signos que te envía tu aumakua en respuesta a tus preguntas. Los momentos de presencia al 100 por 100 abren el camino hacia tu alma. Tu Yo divino utiliza con frecuencia un lenguaje simbólico para llamar tu atención. Puede, por ejemplo, manifestarse con sincronicidades de eventos especiales, con diferentes personajes que marcan tu viaje, por medio de sueños, o incluso «telepáticamente». ¡Presta atención a tu intuición! Es el modo en que se expresa tu aumakua, en forma de una inspiración ocultada con demasiada rapidez, por razones diversas como el razonamiento mental o las emociones del niño que hay en ti. ¡Déjate guiar por los impulsos de tu corazón, por el repentino deseo de ir a algún sitio, de ver una película determinada, de abrir un libro por una página en concreto o por cambiar de repente lo que tenías programado. Eso forma parte de la apertura, una actitud esencial para dejar que actúe la energía de tu supraconsciente.

4. **La misión de tu Yo divino es acompañarte en el proceso de ascensión.**

Considerado tu ángel de la guarda, tu Yo divino te acompaña en todo momento, te protege y te ayuda a avanzar de manera que puedas elevar tu consciencia y «graduarte» en un plano superior.

Como viste en el capítulo 3, en el contexto de una teoría basada en la reencarnación, los tres niveles de consciencia evolucionan juntos. Tu unihipili y tu uhane son objeto de atención constante por parte de tu aumakua, que favorece su progreso en el plano terrestre sometiéndolos a experiencias susceptibles de trasformar su visión y de hacer surgir sus fuerzas. El sufrimiento que tal vez implica ello no es otra cosa que un proceso de trasformación que te invita a liberarte de unos esquemas de pensamiento limitados y obsoletos. El sentimiento de paz que experimentarás en circunstancias que en el pasado te contrariaban es el barómetro que marca tu camino. Según los kahunas, cuando los progresos de tu subconsciente y de tu consciente se elevan a otro nivel, tu supraconsciente sube a un nivel superior, liberándose así del ciclo de encarnaciones en la tierra. De ahora en delante formará parte de los «aku aumakua».[18]

---

18. Palabras hawaianas que significan «grupo de espíritus elevados no encarnados en un cuerpo físico».

5. Tu supraconsciente manifiesta la esencia divina que vive en tu interior.

Esa esencia está presente en todos los seres y tan sólo desea emerger. Ella te guía en cada momento. Para unirse a ella, ponerse en contacto con ella, tienes que limpiar todo lo que emana de tu ego y te empuja hacia abajo.

Es fácil reconocer si un pensamiento está inspirado por tu aumakua. La abundancia de sentimientos nobles y elevados que viven en ti mientras sigues la inspiración que asciende y percibes es el signo de una comunión fluida con tu supraconsciente. La profundidad de estos sentimientos guía tus acciones y te lleva a un estado de serenidad y confianza total. Este indescriptible bienestar es una manifestación de la apertura de tu corazón en comunión total con tu Yo divino. Puedes volver a actuar con confianza pues él está constantemente conectado a la Fuente.

¿Cómo conseguir este dejar ir? Actuando con tu subconsciente, ya que es él quien prepara trampas en tu camino. Por ejemplo, cuando dejas que tu pequeño *uni* aumente la ansiedad que anticipa un suceso, cálmalo haciendo respiraciones Ha para asumir confianza. Tras haber inhalado la energía divina de la confianza, siente cómo ésta se extiende por todo tu ser. Para evitar que tu atención se disperse, puedes repetir interiormente una afirmación positiva vinculada a lo que estás buscando con tu respiración. Al mismo tiempo, da las gracias a tu Yo superior visualizando que dejas espacio disponible para sentirte totalmente pleno de la energía que has elegido. Reitero mi voluntad de elevarme en una vibración buscada varios días antes de romper la resistencia de mi unihipili. A partir de entonces, a veces necesitará recordatorios menos intensos, pues las experiencias que han seguido a esos rituales ya han conseguido calmarlo por el pasado.

En consecuencia, verás cómo evolucionar pasando de la emoción producida por tu subconsciente al sentimiento propio de tu alma. Esto queda muy claro con el concepto del amor. El amor vivido en términos de emoción impone límites y condiciones: es beneficioso, pero frágil, ya que depende del objeto de amor. El verdadero amor vive enteramente en tu interior. Es una fuente de energía que te recarga sin dependencia alguna, pues eres capaz de producirla constantemente. Se expresa a través del amor propio y el amor a la vida. Acogiendo con gratitud las ocasiones de trasformación, de crecimiento y de expansión que te ofrece, reúnes los recursos ilimitados de tu supraconsciente. Éste es el modo de llegar a la plenitud, un sentimiento de gratitud puro en sí que eleva la consciencia a otro nivel. Hay saber reconocer un estado así en el momento oportuno. Para hacerlo más consistente, debes estar atento y limpiar gradualmente las bajas vibraciones de tu ego.

6. **Tu Yo divino tiene el poder de anular por completo cualquier condición presente o futura ya programada para reconstruir una realidad nueva.**

Tu subconsciente recibe telepáticamente todos tus pensamientos y tus peticiones. Está al corriente del pasado, del presente y de la parte del futuro proyectada por las semillas de los pensamientos que tú has puesto en circulación.

A raíz de tu petición o de la de otra persona, activará su ilimitado poder de la trasformación. Sin embargo, hay ciertas reservas respecto a lo que tu Yo divino acepte o no hacer. Cuando intervienes a favor de otra persona, es importante de que te asegures de que tu petición sea para tu bien y también la más elevada para ambos. Debes ir a buscar el acuerdo de «poa aumakua»,[19] una colaboración entre los supraconscientes implicados.

Hay casos en los que tienes que someterte a lo que se presente en tu vida. Tu aumakua rehusará siempre ayudar en intervenciones que

---

19. Palabras hawaianas que significan «agrupación de supraconscientes orientada hacia una comunicación de energías extremadamente potentes».

Tabla 6

Tu espíritu supraconsciente

1. Una fusión de las polaridades masculina y femenina característica del espíritu aumakua.
2. El contacto con el Creador y los niveles superiores se establece según los términos de tu aumakua.
3. El espíritu supraconsciente desempeña su papel de padre contigo a la perfección.
4. La misión de tu Yo divino es acompañarte en el proceso de elevación.
5. Tu supraconsciente manifiesta la esencia divina que reside en ti.
6. El Yo divino tiene el poder de anular por completo cualquier condición presente o futura ya programada para reconstruir una nueva realidad.

puedan herir o causar daño a alguien. William Glover nos habla de este tipo de cosas: «No puedes pedir a tu supraconsciente que obligue a alguien a amarte o quitar algo a alguien para dártelo a ti. Para que un deseo se considere bueno para ti, tu subconsciente debe captar que es bueno para las personas implicadas en él. Tienes que tener siempre en cuenta el impacto que pueden ocasionar tus deseos en la gente que te rodea, tus amigos, tus colegas...» (Glover, 1983, p. 47).

El poa aumakua, agrupación de supraconscientes

Si bien cada aumakua es el principal responsable de sus otros dos niveles de consciencia, con frecuencia colabora con otros supraconscientes. Esta alianza se define como el poa aumakua, cuya misión conjunta es el crecimiento de la humanidad a través de la experiencia. Hay cada vez más grupos de individuos formados para acelerar la elevación con una comunión de almas unidas en el poa aumakua. Conociendo el poder ilimitado del supraconsciente de cada persona, trata de imaginar lo que puede lograr la colaboración de los supraconscientes juntos, por ejemplo cambios a escala planetaria. Juntos son capaces de realizar las cosas más inesperadas.

«Los eventos a escala mundial o nacional son previsibles con cientos, incluso con miles de años de antelación, mientras que el futuro de las personas, debido a la corta duración de cada vida humana, no puede predecirse más que unos meses o años antes» (Steiger, 1971 p. 67). Según Max Freedom Long, un *esfuerzo concertado* puede cambiar totalmente una tendencia.

Nuestro futuro colectivo se forma principalmente a partir de un conjunto de pensamientos recurrentes de personas pertenecientes a un determinado grupo, ya sea a escala familiar, empresarial, urbana, provincial, de país o de planeta. El pensamiento es energía, cuando hay un revoltijo de pensamientos incoherentes constituidos tanto por miedos como por deseos comunes, los grupos se llenan de acontecimientos sintomáticos causados por las contradicciones que viven sus miembros. El pensamiento positivo en un objetivo común de elevación puede alcanzar fuerza inimaginable, de ahí la urgencia de establecer la cohesión.

> *Un pensamiento positivo compartido con un objetivo de elevación puede alcanzar una fuerza inimaginable, de ahí la urgencia de establecer una cohesión.*

René Egli, en *El principio LOL²A*, ilustra claramente esta tendencia: «Imaginemos lo siguiente: una empresa tiene mil empleados, y cada empleado piensa cosas diferentes, de la mañana a la tarde. La naturaleza de los pensamientos de cada uno tiene consecuencias determinantes para el éxito de la empresa. Sumados, los pensamientos de todos los empleados representan un enorme potencial energético. Si la suma de pensamientos se inclina hacia lo positivo, los resultados serán positivos, y si la suma se inclina hacia lo negativo, los resultados serán negativos. La dirección de la empresa puede hacer lo que quiera, que si la mayoría de los empleados piensan negativamente, no habrá modo alguno de alcanzar el éxito. Una empresa puede realmente estar enfocada hacia el éxito o hacia el fracaso; y no solamente a partir de la gestión de la dirección, sino también de los pensamientos de todos los empleados. Es una cuestión de física pura, se trata de ideas que suelen materializarse. En definitiva, la gestión de una empresa no es más que una gestión de energía» (Egli, 2002, p. 98).

Lo mismo sucede con todos los grupos en torno a la identidad, el ocio, los estudios, la espiritualidad, o la propia vida.

Así, cuando un grupo de personas enfoca un objetivo común bien definido, se apoya en unas fuertes creencias y mantiene su fe en lo que quiere, el resultado se manifestará según el pensamiento común. Imagina que esa voluntad compartida está sostenida por un aporte de energía adicional mana loa. El poder de las formas de pensamiento del grupo puede causar unos resultados impresionantes. En tal contexto, el movimiento se acelera por la aportación consciente de la energía que cada persona aporta. Parecería que el efecto fuera exponencial. Con una envergadura semejante, cada refuerzo es extremadamente importante para cambiar el curso de las cosas.

En este sentido, Michael Talbot relata un experimento dirigido por la doctora Helen Wambach, de San Francisco, la cual recogió las historias de dos mil quinientas personas que proyectaron su visión del futuro en períodos muy específicos. El conjunto de testimonios ha permitido dividir los diferentes visiones de futuro en cuatro categorías muy determinadas:

«1. Un mundo estéril y carente de alegría donde la mayor parte de las personas vivían en estaciones espaciales [...] y se alimentaban de productos sintéticos.

»2. Los *New Age* tenían la idea de vivir vidas más serenas y más cercanas a la naturaleza, en armonía con los demás, consagrándose al estudio de su propio desarrollo espiritual.

»3. Los *High-Tech City* hablaban de un futuro triste y robotizado donde la gente viviría en megapolis subterráneas o protegidas por cúpulas.

»4. Los supervivientes de una catástrofe, pudiera ser nuclear, que había destruido el mundo...» (Talbot, 1994, p. 371-373) habitarían en ciudades destruidas, en cuevas o en granjas aisladas.

Estos potenciales sucesos no son más que imágenes de pensamientos que albergaban esas personas. Si cada ser humano invirtiera parte de su tiempo en construir una visión positiva del futuro, estaríamos preparados para construir un futuro claramente mejor. ¡Pongámonos en marcha para proyectar nuestro destino individual y colectivo en la buena dirección!

Lo que se desprende del poa aumakua es que la fuerza de los pensamientos concentrados y dirigidos de grupos conscientes vinculados a una energía superior supera con mucho a la de un grupo de individuos influenciados por las turbulencias negativas de sus subconscientes.

La energía mana loa, una fuerza energética inconmensurable

Tu energía mana loa se almacena en el cuerpo etérico de tu supraconsciente. Es la fuerza energética que sirve de sostén a las peticiones *(véanse* los capítulos 7 y 8). Tu Yo divino utilizará el mana loa para deshacer las presentes condiciones indeseables y creará un nuevo molde a partir de la sustancia aka de su propio cuerpo etérico. De este modo se manifestará un nuevo esquema de pensamientos en un plano físico.

La poderosa energía del mana loa, capaz de destruir el átomo, según Max Freedom Long, es la fuente de lo que algunos consideran milagros: la curación instantánea, el caminar sobre el fuego, la materialización de objetos, el cambio de condiciones climáticas, etc. Cuando esta energía aumenta con la comunión de pensamientos en el poa aumakua se producen cambios impresionantes.

El cuerpo etérico kino-aka de tu supraconsciente

El cuerpo etérico de tu aumakua, el más sutil de los tres cuerpos, se encuentra fuera de tu cuerpo físico. Es tan grande que su centro se encuentra un poco por debajo de la cabeza. Tu cordón aka, también llamado «cordón de plata» conecta el cuerpo etérico de tu supraconsciente con el cuerpo etérico de tu subconsciente y con tu cuerpo físico. Recuerda la ilustración de esta comunicación en el capítulo 3.

El cuerpo etérico de tu supraconsciente, el menos denso de los tres cuerpos asociados a tus planos de consciencia, es utilizado por tu ser superior para crear tu futuro, moldeando y manifestando nuevas realidades vinculadas a tu camino.

Tabla 7

El conocimiento del ser encarnado

Tres planos de consciencia	SUBCONSCIENTE unihipili	CONSCIENTE uhane	SUPRACONSCIENTE aumakua
	• El niño interior • Necesidad de ser guiado, calmado, etc. • Sede de la memoria (tu ordenador) • Centro de emociones • Ilógico, capta e interpreta todo al pie de la letra • Sensible a las emociones, muy influenciable • Controla las funciones corporales • Se comunica con los cinco sentidos • Dirige la energía mana • Crea y gestiona los hilos aka y las formas de pensamiento • Intermediario entre tú la consciencia y tu aumakua	• El espíritu racional • Guía y motivación del subconsciente • Ninguna memoria (debe dirigirse al subconsciente) • Incita pensamientos conscientes y reflexiones basadas en el análisis y la razón • Puede programar el subconsciente a partir de estrategias conscientes (la imaginación dirigida, por ejemplo) • Posee el libre albedrío y la voluntad y es responsable de sus opciones • Fuerza de voluntad • Debe activar la «consciencia» de sus pensamientos y emociones • Acede y capta los mensajes del supraconsciente con la participación del subconsciente liberado de resistencias	• La consciencia divina • Guía la consciencia • Visión elevada del pasado, del presente y de la parte del futuro ya cristalizada • Acompaña al ser en la realización de la vida • La intuición • Colabora con otros supraconscientes para intervenir a mayor escala (poa aumakua) • Tu contacto con los niveles de consciencia más elevados

Tabla 7

El conocimiento del ser encarnado

Tres niveles de energía	MANA	MANA-MANA	MANA-LOA
Uso	• Fuerza vital, fuerza universal, energía de baja potencia • Circula por medio de los hilos aka hacia el interior o exterior del cuerpo • Rituales automáticos (afirmaciones; desprogramación-reprogramación; Ho'oponopono)	• Mana de alta potencia utilizada por todas las actividades cerebrales que necesitan la voluntad y la reflexión • Rituales con activación de la voluntad	• La forma más potente de mana utilizada para trasformar o crear nuevas condiciones, nuevas realidades • Solicitudes
Tres cuerpos aka	KINO-AKA	KINO-AKA	KINO-AKA
	• Cuerpo denso que impregna todo el cuerpo físico	• Cuerpo menos denso, situado sobre todo en la zona de la cabeza	• Cuerpo muy sutil, situado por encima del cuerpo físico
EL CUERPO FÍSICO: vehículo e instrumento de los tres niveles de consciencia			

Segunda Sección
La acción

Tercera Parte
La petición

La petición, he aquí la herramienta más potente que he tenido la oportunidad de utilizar. ¿Por qué? Pues porque se basa en una total colaboración entre tus planos de consciencia movilizados hacia una misma finalidad que podrá concretar tu aumakua. Su éxito depende de la unidad. Las técnicas que aquí comparto son los enfoques tradicionales que aprendí de Loretta Grabowski en mis inicios. Cada detalle tiene una razón de ser encaminada a establecer las bases de una comunicación efectiva entre tus niveles de consciencia. Durante varios años seguí con gran éxito estas indicaciones. Con constancia y disciplina, he mejorado la calidad del contacto entre mis planos de consciencia, motivándolos a colaborar de manera más espontánea. Ahora, el subconsciente me regala a menudo una línea directa, lo cual agradezco enormemente.

1993. Nunca había estado en Hawái, pero la atracción que sentía por la sabiduría hawaiana me cautivó. Llevada por una fe y determinación nuevas, animada por el deseo de liberarme, estaba finalmente preparada para *«elaborar»* y encaminar mi primera petición, la que me supondría la curación. Antes incluso de comprender todos los principios, me abandoné a la fuerza que me guiaba.

2012. Varias peticiones después, y con la generosa participación de algunas personas que han invertido con fe, cada una a su manera, en una cuestión personal, aporto aquí un aspecto concreto de este enfoque. Creo que compartir las experiencias vividas en mi entorno y por mí misma, así como mi conocimiento del Huna, pueden inspirar tu potencial creativo. Este extraordinario recurso ha permitido que en muchos momentos de mi vida se dieran cambios concretos y que pudiera ponerme en contacto con mi poder de trasformación.

Lo que queda es no sólo el buen resultado, sino también la trasformación interna que ha llevado al resultado proyectado. Ahí es donde radica el mayor regalo.

Capítulo 7
Prepara tu petición

La esencia de una petición

1. El trío en acción.

Este procedimiento es un clara solicitud dirigida a tu supraconsciente, aumakua, para evidenciar un cambio en tu vida. Sólo es eficaz con la colaboración total de tu subconsciente, unihipili. En inglés, se conoce como la *Ha prayer,* que remite a la respiración Ha, la cual permite elaborar la energía que impulsa la fuerte voluntad de cambio. Contrariamente a las afirmaciones dirigidas esencialmente a tu subconsciente, la petición requiere la intervención de tu Yo divino; la potente energía mana loa activará la trasformación.

Aunque se haga en voz alta, la petición se encuentra en un texto escrito dirigido a tu aumakua. De este modo podrás volver a ella en cualquier momento y captar todos los matices del pensamiento que te inspiró inicialmente.

Cada petición implica con frecuencia dos aspectos complementarios: desear el cambio y estar determinado a ajustar tus formas de pensamiento para vivirlo verdaderamente, pues todo lo que se manifiesta en el exterior no es otra cosa que el reflejo de lo que hay en tu interior. Personalmente, cada vez que deseo que suceda algo nuevo en mi vida, debo preguntarme: «¿Estoy dispuesta a cambiar?». Puesto que la dinámica de la petición te lleva a entregarte con total confianza a tu Yo divino en lo que se refiere al camino a seguir, se te invita a crear la apertura. Todo milagro comienza con un cambio de pensamientos y de creencias.

A través de la petición tienes el enorme poder de lograr cambios de todo tipo. Los resultados se muestran como el reflejo del milagro interior que se opera en ti. Una vez que has decidido invertir, tienes acceso a todas las posibilidades. ¿Estás preparado? Tienes que saber de antemano que deberás participar en la supervisión.

¡Es extraordinario! Con la consciencia puedes modificar lo que fue, lo que es y lo que será. El tiempo cronológico no tiene importancia.

2. Pedir para los otros.

No puedes hacer una petición para otra persona a menos que cuentes con su acuerdo consciente. Si es así, puedes apoyar su propia consulta. Cada uno elige sus propias lecciones de vida para desarrollar una fortaleza específica a través de su experiencia. Si actuaras sobre otra persona sin que ésta lo supiera, podrías interferir en su camino. Antes de intervenir sobre los demás, te invito a hacerlo contigo mismo, tu responsabilidad primordial es tu propia evolución. La mejor manera de contribuir al bien de los demás es elevar tus propias vibraciones. Así serás mucho más apto para apoyarlos compasivamente en aquello que elijan experimentar.

Sin embargo, de acuerdo con Kevin Quinn Avery, la única excepción es la concerniente a la relación padre/hijo en un contexto de curación. El papel de la madre le permite intervenir solamente con el niño que vive en su casa, bajo su protección. Personalmente, siempre he buscado el acuerdo del alma de mi hija antes de empezar. Resultó que, en algunos casos, tuve que abstenerme de actuar sobre ella, ya que lo que ella vivió estaba destinado a trasformar mis propias reacciones. En ocasiones así, tuve que preguntarme sobre mi pequeño lado «salvador» y comprendí que la petición debía apoyarse en el desarrollo de mis propias actitudes, recursos o fuerzas.

Por el contrario, la participación en una *petición colectiva* en la que todos los miembros de un grupo se implican toma una dimensión especial al intervenir en ella una poderosa reunión de supraconscientes en poa aumakua. Este tipo de iniciativa activa las trasformaciones a otra escala. La voluntad común de cambio para provocar manifestaciones de gran envergadura se apoya en la fuerza multiplicada de la energía mana loa de cada uno de los participantes.

3. Tu primera petición.
El tema que elijas puede estar relacionado con cualquier elemento de tu vida, aquel que te inspire la búsqueda del bienestar. Sin embargo, para tu primera experiencia, lo mejor es *elegir la petición más sencilla posible a fin de que el éxito te impresione en un tiempo razonable.* Experimentar algo relativamente fácil pero que requiere algo de empuje te pondrá en contacto con tu poder de trasformación, y ello activará tu fe.

Tu petición paso a paso

1. La lista de tus deseos.
Haz una lista con tus deseos prioritarios. Cada vez que estés en proceso de elaborar una nueva petición, ten a mano un cuaderno de notas en la mano. El inicio del proceso supone en primer lugar una toma de consciencia de lo que realmente quieres. En primer lugar, acoge todos tus deseos sin juzgarlos. Pueden tener relación con un placer de la vida, con tu salud, con trasacciones, con un aprendizaje, con tu trabajo, con la calidad de una relación, con tu desarrollo personal, etc. Tómate unos días para hacer una lista sin filtros, sim-

plemente ten en cuenta qué sientes con cada idea que toma forma. Cada una de ellas te hará evolucionar a otra. Sigue con la lista hasta tener las ideas claras. Examina los motivos que te llevan a experimentar un deseo y añádelos a tu lista.

2. Tus prioridades.

Extrae las prioridades de la lista de deseos. A lo largo de tu vida, tras haber experimentado resultados positivos, querrás desde luego repetir la experiencia. Sin embargo, se recomienda no invertir en más de una petición a la vez. Eso es lo mejor para movilizar toda la atención de tu subconsciente. Ésta es la mejor manera de atraer la atención de tu subconsciente. Esta concentración de tus pensamientos le impresiona enormemente y le advierte de la importancia que tú determinas. De lo contrario, la dispersión podría sembrar la confusión en tu subconsciente, que se motiva más fácilmente cuando tus pensamientos convergen. Una vez que el resultado esperado se manifieste, puedes preparar otra petición.

Ahora ya estás ya preparado para elegir entre las ideas que has anotado. Establece el *orden* de los cambios que son más importantes para ti a fin de concentrar tu energía en un único objetivo.

Establecerás los vínculos, cerrarás la lista de peticiones, descubrirás si te sientes preparado para emprender esta dirección en la etapa de la vida en que te encuentras. *Selecciona un solo objetivo a seguir, aquel que mantendrás en la petición. No trates de reagrupar varios deseos.* Una vez que dispongas de lo que deseas, tendrás ocasión de hacer otra petición, y después otra, y otra más.

Hay muchas personas que tienen la tentación de incluir todos sus deseos, los más apreciados, en una misma petición y así resolver de una vez por todas las «molestias» del trayecto de una vez, ir más deprisa y pasar a otra cosa. Pero esto no funciona así. *La trasformación implica un viaje, un proceso que necesita un tiempo* para favorecer la perspectiva, determinar los bloqueos recurrentes en el camino y encontrar un hilo conductor de las experiencias que has atraído.

Esta toma de consciencia te llevará a contar con una visión más amplia de tus experiencias a fin de liberarte y avanzar alegremente hacia tus objetivos.

Cuanto mejor fijes tus objetivos, más fácil te será ponerte en marcha, mantener el rumbo. Establece sabiamente las prioridades específicas de cada una de las etapas que vives. La experiencia humana es un viaje interior hacia el reconocimiento de la propia naturaleza divina. Está constantemente plagada de desafíos a la medida de tus fuerzas. ¿Hay una etapa determinada que deba preceder a otra? ¿Crees que realmente conseguirás lo que quieres? ¿Hay ahora un pequeño placer en ello? Todo es posible. Hazte preguntas y «prioriza».

Asegúrate de que tu opción sea la expresión de un deseo lo suficientemente importante para dedicarle tiempo y esfuerzo.

3. Participación conjunta en el trío.

Busca la participación de cada uno de tus niveles de consciencia para elaborar el texto de tu petición. Antes de escribirlo, siéntete invitado a buscar la unidad. Detente a realizar una meditación o algunas respiraciones Ha. La comunión entre tus niveles de consciencia te proporcionará la paz, la inspiración y la lucidez necesarias para reunir todo lo que hay realmente en ti y lo que deseas trasformar. Se trata de un proceso que te pone en posición de recibir los mensajes de tu aumakua para guiar e influir en tu unihipili. Experimentarás un estado de calma y bienestar y reconocerás el momento idóneo para escribir. Estarás abierto y confiado.

En ocasiones, el subconsciente se inquieta cuando intuye el cambio. Si así sucede, invítalo *a ajustar sus emociones, pensamientos, creencias, acciones y reacciones* a cada momento. Es un mensaje que comprenderá. Tu consciencia jugará plenamente su papel y retomará su poder. Asegúrate de no desgarrarte entre el ego que drena tu energía y el pensamiento claro que eleva tus vibraciones.

4. La redacción del borrador.

Ahora que tienes claro cuál va a ser tu petición, escribe en el borrador el texto que contiene el cambio solicitado. *Vas a grabar una inscripción tangible de tu deseo.*

* *Los detalles.*

Ten en cuenta todos los componentes y los detalles que entran en juego. Sé consciente de manera precisa de todo lo que la petición implica. En el capítulo 9 hay un listado de palabras que se refieren a virtudes y pensamientos elevados que puede servirte de ayuda. Elige analizando el impacto de cada idea y cada palabra que aportes. ¿Son detalles que reflejan tu lucidez y de la claridad de tus pensamientos?

Si no es así, ¿los has añadido para calmar tus inseguridades y responder a tu necesidad de control? La incertidumbre crea dudas, y éstas frenan cualquier movimiento. *Sé honesto y sondea tus motivaciones más profundas* a fin de determinar qué es lo que esconden tus deseos: control, miedo, huida, dependencia. Después, limpia en primer lugar las energías negativas y céntrate con emoción en las vibraciones que buscas.

En algunos casos, al ser menos específico, se crea una apertura y ello permite a tu aumakua aprovechar los recursos infinitos que posee. Debes saber que tu deseo se realizará de la forma más adecuada sin que tengas que preocuparte por anticipar el «modo». A partir del momento en que tu Yo divino recibe la petición, se pone en marcha la potente energía de loa mana para promover el cambio. La trasformación se produce gradualmente, a medida que tú acoges las ocasiones de ajustar tus reacciones a los sucesos o a las personas que encuentras a lo largo del camino cuando la petición representa un reto.

* *El tiempo.*

Es lo mismo que el «cuándo», ya que la rapidez de la manifestación está estrechamente relacionada con la energía que inviertes y la fe que hay en ti. El resultado puede manifestarse en un período de tiempo muy corto o tardar un poco más, según lo avanzada que esté tu trayectoria en relación a esta petición concreta. Así pues, en tu texto no menciones nunca el tiempo.

* *La percepción de tu subconsciente.*
Debido a que tu consulta se basa en la colaboración de tus niveles de consciencia, debes de tener en cuenta las peculiaridades de tu subconsciente. Debes impresionarlo. Así que te sugiero que utilices términos que reflejen tu determinación como «yo invoco», «yo elijo» o «yo quiero». A mi parecer, frases como «me gustaría» o «yo desearía» dejan demasiado espacio a la duda en este contexto, mientras que frases como «yo mando» establecen una relación de autoridad más que de complicidad con tu *uni.* Examina el impacto de tu elección, presta atención a lo que sientes al mencionar las palabras que dices en voz alta. Desencadenan unas vibraciones que producen emociones diferentes en cada persona. Como un actor que busca su fuente de inspiración, elige la emoción que te motiva. Ella te permitirá medir el entusiasmo de tu unihipili.

* *La fuerza de las palabras.*
Recuerda que debes ser claro y positivo. Como has visto en el capítulo 4 al examinar la naturaleza de tu unihipili, hay que evitar la confusión que puede producir utilizar términos negativos y también negaciones. El subconsciente conserva esencialmente las palabras clave. Tómate tiempo para encontrar e intensificar el aspecto positivo e impactante de tu mensaje eligiendo palabras evocadoras y que generen emociones. Cuando lo haces ¿sientes tu poder? En el capítulo 9 se proponen ciertas afirmaciones que pueden servirte de guía para formular tu petición, inspírate en ellas para personalizar tu mensaje.

* *El título.*

¡Elige bien el título! Es importante porque es lo que repetirás mentalmente durante las respiraciones Ha para respaldar tu petición. Aquí tienes unas cuantas indicaciones para prestarle fuerza:

- Duración. Opta por un título corto que puedas evocar mentalmente durante la espiración Ha.
- Acción. Los verbos de acción invitan al movimiento. Forma parte de esa acción empleando el «yo» o el «nosotros» en la acción concertada de todos tus niveles de consciencia.
- Emoción. Elige unas palabras impactantes, que evoquen emociones positivas y dinámicas. Eso estimulará tu subconsciente.
- Evocación. El título debe reflejar la esencia de tu petición.
- Melodía. ¿Puede tener de fondo una melodía que te ha inspirado en otras ocasiones?

La tabla de la página siguiente ilustra ciertos títulos evocadores que he reagrupado según el contexto de la petición. He aquí unas cuantas pistas.

5. Las implicaciones indirectas.

Ten mucho cuidado si tu petición implica a otras personas. Asegúrate de que tu deseo no oculta la intención de obtener un beneficio personal que perjudique a otros. Tu solicitud debe concernir sólo a lo que te pertenece. Sin embargo, sí puede generar efectos positivos en tu entorno. Asegúrate también de que los efectos de tu petición contribuyan al bienestar de todas las personas implicadas indirectamente en el objeto de tu solicitud. Muestra respeto por los que están aquí y por los que vendrán. Sé íntegro con los demás teniendo en cuenta la elección de sus almas. De todos modos, tu Yo divino se opondrá a que la satisfacción de tus deseos implique resultados nocivos en tu entorno.

Tabla 8

Títulos evocadores

BIENES MATERIALES Y PROSPERIDAD
- ✓ ¡Me siento tan bien en mi nuevo hogar!
- ✓ ¡Firmo un acuerdo ventajoso para todos!
- ✓ Atraigo como un imán la abundancia económica.
- ✓ Guiado por la luz, prospero.
- ✓ Experimento mi riqueza interior, fuente de repetidos éxitos.
- ✓ ¡Vivimos unas vacaciones maravillosas!
- ✓ Adquiero una vivienda en las mejores condiciones posibles.

SALUD Y CUERPO FÍSICO
- ✓ Honro mi cuerpo con gratitud.
- ✓ Evoluciono en un cuerpo armónico.
- ✓ Reconozco mi belleza con gratitud.
- ✓ Restablezco mi molde perfecto.
- ✓ Creo activamente mi equilibrio.
- ✓ Me regocijo del placer de vivir plenamente.
- ✓ ¡Mi cuerpo y mi alma son uno!

TRABAJO, APRENDIZAJE Y PROYECTOS
- ✓ Hago que mis habilidades prosperen.
- ✓ Experimento la razón de existir.
- ✓ Vivo finalmente mis pasiones.
- ✓ Cumplo plenamente en mi trabajo.
- ✓ Atraigo las buenas ocasiones con entusiasmo.
- ✓ Ejerzo mi poder divinamente.

RELACIONES PERSONALES
- ✓ Evoluciono armoniosamente en mi relación de pareja.
- ✓ Me abro íntimamente al amor.
- ✓ Vivo amistades satisfactorias.
- ✓ Reconozco la esencia de mi papel.
- ✓ Invierto son sabiduría y confianza.
- ✓ Damos vida a un niño de luz (petición conjunta).

DESARROLLO PERSONAL Y EVOLUCIÓN
- ✓ Soy el mago de mi vida.
- ✓ Me afirmo con el lenguaje del amor.
- ✓ Asumo fácilmente mis responsabilidades.
- ✓ Acepto el perdón con amor.
- ✓ Canalizo positivamente mis fuerzas.
- ✓ Estoy totalmente implicado en mi misión.
- ✓ Soy libre y estoy inspirado.

6. El realismo.

Antes de finalizar tu petición, comprueba que sea realista. El realismo está sencillamente en la medida de tus propias creencias. Un cambio puede verse utópico en tu entorno, pero para ti ser realista.

Presta mucha atención a los pensamientos y acciones «anulantes». ¿Qué te detiene a actuar de acuerdo con tus pensamientos, con las metas que estás buscando? Sé honesto y examina todas tus dudas. Matiza bien el texto para reforzar tus propias creencias y las de tu subconsciente para obtener el resultado. Tienes que creer firmemente en todas tus fuerzas.

7. La percepción de tu subconsciente.

A fin de contar con su plena colaboración, comprueba la percepción de tu subconsciente en cuanto al contenido y la forma de tu petición.

* *Cómo comprobar.*

¡Ten paciencia! Mientras desarrollas la habilidad de usar quinesiología, radiestesia o cualquier otra técnica de comunicación con tu mente subconsciente, puedes examinar otras formas de validar tu petición. Tras varias rondas de respiraciones Ha para buscar la colaboración de tu unihipili, presta atención a las sutiles manifestaciones físicas de tu cuerpo tras la lectura de tu solicitud en voz alta. Una palabra o una frase pueden modificar tu temperatura corporal o tu ritmo cardíaco, cambios en la respiración, provocarte tensiones musculares, crearte malestar, etc. Éstos son signos emitidos por tu subconsciente, que, como hemos visto en el capítulo 4, controla todas las funciones de tu cuerpo.

Si dominas lo suficiente una técnica para poder validar las percepciones de tu unihipili, hazlo en dos pasos.

Lee dos veces el texto al completo, una vez para la forma y otra para el contenido.

Personalmente, antes de empezar, le informo de este modo: «Subconsciente, quiero hacerte partícipe del texto de una solicitud que deseo enviar a mi aumakua. ¿Estás de acuerdo en hacerme saber tu reacción con respecto a este tema?».

Después de obtener una respuesta positiva de acuerdo con el código previamente establecido entre nosotros desde hace tiempo, prosigo: «Subconsciente, te voy a leer el contenido. Con la ayuda del péndulo hazme el signo del sí, con fuerza, siempre que estés de acuerdo con las palabras que empleo y siempre que la manera de expresarme te sea suficientemente clara».

Antes de comenzar la lectura, espero que mi unihipili manifieste su código sí, que en la prueba se trata de un círculo en el sentido opuesto a las agujas del reloj. Si está en desacuerdo con una palabra o una frase, ralentizará su ritmo o bien manifestará el signo del no, un movimiento pendular. La magnitud de su reacción se manifiesta claramente mediante la herramienta de comunicación que constituye el péndulo.

* *La forma.*

Comprueba línea por línea si tu idea aparece expresada con claridad. Piensa en lo que te evoca cada palabra. Tu subconsciente asocia las palabras a lo vivido, a las emociones. Si reacciona, examina sus percepciones a partir de tus propias experiencias, incluso las lejanas. ¿Es posible que una determinada palabra sea a veces negativa y a veces positiva según los diferentes contextos? ¿Su alcance es demasiado vago o demasiado restrictivo? ¿Se esconde una resistencia detrás de una palabra? Sustituye cualquier palabra que produzca confusión por otra más clara y vuelve a probar hasta que la respuesta sea positiva. En cuanto a la estructura de las oraciones, evita las frases difíciles o complejas. ¡Cuidado! A veces las frases se anulan, se neutralizan entre sí. Otras veces, las peticiones carecen de importancia. También sucede que, a veces, al tratar de hacer un *collage* de varias ideas, ninguna de ellas resulta clara. Hazte preguntas. ¿Lo que deseas queda bien claro en tu cabeza? ¿Has dedicado suficiente tiempo a pensar en ello?

* *El contenido.*

En segundo lugar, comprueba con la ayuda del péndulo si la reacción de tu subconsciente es positiva en cada frase y si está de acuerdo con lo que tú deseas.

Cuando compruebo el contenido de una solicitud, me acerco a mi unihipili de la misma forma que antes, solicitando que manifieste tanto si está de acuerdo como si se siente motivado con mi solicitud. Es posible que, durante la lectura del texto, haya variaciones en la velocidad y la amplitud del giro. ¡Qué interesante! Ello proporciona una información de gran relevancia. Se puede por tanto identificar qué le motiva más y retirar las ideas que plantean algunas dudas para seguir adelante.

Cuando tengas un sí, ya sea fuerte o débil, tu subconsciente manifiesta su acuerdo a lo que solicitas. Por medio de esta prueba, ahora ya sabes cuáles son las ideas que requieren un poco más de motivación. Tus creencias y tu entusiasmo le cautivarán paso a paso. Se hará a la idea de un cambio. Sigue tu recorrido.

Si te encuentras con un no rotundo a lo que solicitas, tienes varias opciones. Te sugiero que te comuniques con tu subconsciente para descubrir la razón de su reacción. Para clarificar la visión de tu solicitud, comprueba las ideas potencialmente explicativas que llegan a tu consciencia. Haz para cada una de ellas una sencilla afirmación y mantén el péndulo situado hacia tu *uni.* Obtendrás un sí si está de acuerdo con tu afirmación y un no si está en desacuerdo. La información que encuentres te dará la respuesta precisa. Conocerás la percepción de tu subconsciente, que es la fuente del bloqueo de tu voluntad de cambio. Sabrás entonces dónde intervenir para llegar a una trasformación que le libere de sus viejos pensamientos.

Si hay una sola frase que bloquea tu solicitud y que para ti es poco relevante, simplemente elimínala. Por el contrario, si el conjunto de tu solicitud comporta el rechazo a participar de tu subconsciente, acepta que habrá un retraso, pues las acciones de limpieza de tus pensamientos y creencias deben realizarse antes incluso de considerar dirigir una petición sobre el tema concreto. Esto no significa que tu subconsciente rechace colaborar contigo, sino que rehúsa adherirse a la idea de cambio que tu avanzas, porque unos recuerdos fuertemente arraigados le están frenando. La culpabilidad entra a menudo en juego de diversas formas. Es una clave para profundizar en la dualidad de pensamiento entre el consciente y el subconsciente.

Dependiendo de la magnitud del bloqueo, se pueden tomar medidas de un alcance y una duración variables. A veces, puede resultarte adecuado limpiar tu red de comunicaciones pidiendo perdón por el daño voluntario o involuntario causado a otra persona. Repite sencillas frases de arrepentimiento hasta que te sientas liberado. En otros casos, una de las técnicas de Ho'oponopono puede ser muy eficaz para limpiar las percepciones de tu subconsciente respecto a un suceso, una persona o un grupo de individuos. Por último, es posible asimismo tener en cuenta la desprogramación de tu subconsciente para poder reprogramarlo según tus creencias actuales. La cuarta parte de este libro te proporcionará unas sugerencias concretas para llevar a cabo diferentes técnicas de limpieza.

Por mi parte, he podido comprobar la reacción del subconsciente de muchas personas antes de llevar a cabo su petición. En la mayoría de los casos, en más de un 90 por 100, sus subconscientes se unían al cambio solicitado.

8. La redacción, a limpio.

Una vez validada, copia la aplicación a mano y a limpio. Un borrador siempre será un borrador. Para impresionar a tu subconsciente, elige bien el papel que vas a emplear. Escribe tu solicitud en forma de carta dirigida a tu aumakua. Coloca al inicio la fecha que prevés para tu solicitud así como el objeto de tu petición, que coincide con el título.

A continuación de tu escrito, las palabras siguientes traducirán tu determinación, tu apertura y tu fe: «Con toda la fuerza de mi ser, invoco AQUÍ aquello que sea LO MEJOR para mi bien. Que así sea. Y así se ha logrado. Gracias».

Y lo firmas. Afirmar que tu deseo se ha cumplido podría decirse que es como plantar una semilla. Después de asegurarte de su calidad, una vez has sembrado, sabes que con los cuidados adecuados, surgirá y se desarrollará plenamente. Por lo tanto, el proceso se activa tan pronto como tu aumakua recibe tu petición. A partir de ese momento, el resultado tomará forma incluso antes de ser tangible.

9. Modalidades de presentación a tu Yo divino.

Planea cómo presentar tu petición a tu Yo divino. Elige el medio más adecuado, teniendo en cuenta las circunstancias adecuadas a cada petición. Dado que cuando estás en ondas alfa, el contacto con tus planos de consciencia se vuelve más intenso, debes visualizar diversas maneras de presentar tu petición sin abrir los ojos, en el momento escogido. En el siguiente capítulo se propone el proceso completo de una petición al supraconsciente. Verás que se te ofrecen diversas posibilidades:

- Memorizar tu petición si la extensión del texto lo permite.
- Leer a diario la solicitud, como una afirmación, hasta que la conozcas de memoria.
- Grabar la petición dejando una pausa larga entre cada frase para que puedas repetirlas (los medios utilizados no sustituyen tu voz).
- Hacerte acompañar por alguien. Por lo general, no se comparte una petición con alguien próximo pues no se cumple, ya que las dudas repetidas de otros pueden socavar tu fe y neutralizar así tus pensamientos. Sabiendo esto, déjate guiar hacia una persona neutra, en ese sentido no será testigo de tu realidad demasiado cerca. Sin embargo, es primordial que la consideres totalmente positiva. El papel de la persona que te acompañe será simplemente el de soplarte el texto de tu petición cuando estés preparado para entregarla, de recordar la escena de vídeo (décima etapa) y

de ayudarte a vivir las emociones que has elegido (undécima etapa). Cuando dos personas se acompañan mutuamente forman un poa aumakua, una agrupación de supraconscientes que crea un hermoso vínculo entre ellas.

10. La visualización.

Planea una secuencia de imágenes que se correspondan con el resultado de la solicitud que deseas. Cada pensamiento contiene una imagen de la idea que hay en ella. Defínela. La visualización proporcionará a tu pensamiento un apoyo de vital importancia. Concretamente, contempla en tu cabeza una breve secuencia en la que tú aparezcas en acción. Es muy importante que tú formes parte de ella. Ese escenario debe testimoniar elocuentemente el éxito de tu petición en un estado perfecto y completo. Busca algo que te sea propicio para activar una emoción intensa que te inspirará durante todo el período de gestación de tu creación.

En el dorso de tu carta, anota claramente el esquema de la visualización que apoyará tu petición a fin de consultarlo posteriormente. El poder de tu visualización se manifestará en el momento oportuno en una experiencia tangible y concreta. Tendrás asimismo una confirmación evidente del buen resultado final.

Un atleta, antes de una competición, se visualiza no sólo en acción, sino también sobre el podio que consagra su hazaña. La persona que quiere vender su casa verá como el agente inmobiliario coloca en su propiedad el cartel de «Vendido», tras haber observado el momento de la firma, su gran sonrisa y el acto notarial de la venta.

Y si tienes una petición centrada en el desarrollo personal, ¿cómo sabrás si le has dedicado la suficiente energía? Por algo tangible que confirmará su trasformación interior. Una mujer a la que he frecuentado y que deseaba ganar confianza en sí misma optó por cumplir un gran desafío para confirmar su cambio de actitud. Después de visualizar varias posibilidades, vio la experiencia de paracaidismo como una manifestación idónea para medir sus progresos. Visualizando el placer que le proporcionaría su primer salto, se apoyaba en una imagen que confirmara su evolución en lo concerniente al dejar pasar y a la confianza. De ti depende determinar la confirmación que revelará tu progreso.

En cuanto a mí, en estos momentos he hecho una solicitud. Quiero adoptar a una niñita asiática, he buscado una foto de una criatura que me enterneciera. La he encontrado en un libro y, fascinada por su bella carita, he hecho fotocopias y las he colocado por todas partes: en el cuarto de baño, en el salpicadero de mi coche, en la cubierta de la agenda, etc. Ya forma parte de mi vida, adoro sus bellas mejillas redondas, su naricita y sus ojos tan rasgados. El remolino de cabello que tiene en la frente le da un aire travieso. Y el vestido rojo con el delantalito blanco le sienta a las mil maravillas. Me impregno totalmente de su imagen, ya me veo haciéndole carantoñas y jugando con ella, prodigándole con placer mil cuidados maternos. Ella se integra muy bien en la casa, en su nuevo ambiente. Mentalmente me paso un vídeo lleno de las imágenes cotidianas que vamos a compartir.

Aun así el tiempo de espera se me ha hecho muy largo después de dieciocho meses, nueve de gestación y nueve y medio de orfanato, me han anunciado que finalmente tendré un encuentro en China a fin de traerme a mi hija. Algún tiempo después encontré un vestidito de segunda mano del mismo color rojo que el de la foto, con un delantal blanco. La prenda recordaba extrañamente a la de la imagen en la que me había inspirado. A mi hija el vestido le valía a más o menos la misma edad y comprobé que tenía el mismo remolino en el mismo lado, unas bellas mejillas redondas, una naricita muy pequeña y unos hermosos ojos muy rasgados.

11. Las emociones.

Determina las poderosas emociones positivas. Son aquellas que anticipas sentir mientras esperas el resultado deseado. Nómbralas todas. Anótalas tras la visualización. Llegado el momento oportuno, necesitarás recordarlas. ¿La palabra que has elegido es suficientemente potente para hacer surgir esa emoción en ti a partir de su evocación? ¿La sientes? ¿Qué efecto te produce?

Las emociones son una manifestación espontánea del espíritu subconsciente. Son movimientos de energía. ¡Apunta alto! Ahora tienes la oportunidad de provocar conscientemente unas emociones que te serán extraordinariamente beneficiosas, la ocasión de guiar a tu subconsciente hacia lo que te va a hacer bien. Al enseñar a tu unihipili a producir vibraciones que te elevan, estás iniciando una trasformación. Eso le impresiona sobremanera.

12. La esencia integral.

Conserva íntegra la petición para referencias futuras. El texto, la visualización y las emociones son ahora la esencia de la semilla que meticulosamente has elegido. Todo está en la semilla. Una vez plantada, producirá exactamente lo previsto. No podrás extraerla para modificar sus propiedades.

Tabla 9

Resumen de las doce etapas de la trayectoria de una petición

1. Haz una lista con tus deseos preferidos.
2. Determina las prioridades según esos deseos.
3. Busca la participación de cada uno de tus planos de consciencia.
4. Ahora que el objeto de tu petición está claro, escribe en un borrador el texto que sostiene la petición.
5. Sé muy cuidadoso si tu petición implica a otras personas.
6. Antes de finalizar la consulta, comprueba que la petición sea realista.
7. Verifica la percepción de tu subconsciente en cuanto a la forma y el contenido de la petición.
8. Una vez validado, pasa la petición a limpio, por escrito.
9. Planifica la manera de presentar la petición a tu Yo divino.
10. Construye la secuencia de las imágenes que corresponden al resultado que deseas.
11. Determina cuáles serán las emociones positivas que apoyarán la acción.
12. Conserva íntegramente esta petición.

Visión general de las aplicaciones

Si estás de acuerdo en que las experiencias y las personas que forman parte de tu vida están ahí para hacerte progresar, no contemplarás algunas de tus peticiones de la misma manera. Pregúntatelo honestamente. ¿Deseas huir de un problema, llenar un vacío insoportable, solucionar pequeños obstáculos, ofrecer placer, arreglarlo todo de una vez, evolucionar confiadamente?

Hay peticiones tienen como objetivo facilitarte la vida allá donde tú has estipulado que debía ser más fácil, mientras que otras son para apoyarte en tu andadura atrayendo grandes oportunidades para que evoluciones.

Con el fin de que puedas aprovechar la evolución de las personas con las que he compartido mis conocimientos y mi experiencia, haré una vuelta atrás en el tiempo. En realidad se trata sobre todo de los dos años de permiso que me tomé después de la adopción, en ellos tuve la ocasión de acompañar a un buen número de personas interesadas en experimentar las herramientas del Huna y a ello me dediqué tras mi retiro. Muchas de esas personas me envían una copia de su petición a manera de referencia para intercambiar puntos de vista sobre sus enfoques.

Sin haber llegado a elaborar un compendio de peticiones, quiero haceros partícipes de algunos testimonios que os pueden ser útiles para elaborar vuestra propia petición. Abordaré ciertos aspectos que suelen repetirse con frecuencia para ilustrar concretamente la utilización de estos procedimientos. No se trata de hacer modelos, sino de presentaros una fuente de inspiración que alimente vuestras propias reflexiones:

1. Los bienes materiales.

«Lo que elevará tu vibración a largo plazo no es tu coche nuevo. En todo caso será lo que hagas por conseguir tu coche lo que la elevará, dependiendo de que lo hagas conscientemente. No son los bienes materiales los que satisfarán tu alma, sino el proceso de trasformación voluntaria que tú te hayas impuesto» (Mara, 2010, p. 64). Acogiendo el proyecto con entusiasmo, apreciarás con indiferencia el placer que te proporcionan esos bienes.

«El universo te tienta dándote más, pero por ello debes renunciar al apego» (Vitale, 2011, p. 226). Si existe una dependencia al objeto que deseas, ésta neutralizaría el efecto.

* *Un alquiler urgente.*

Mi amiga Nathalie acababa de pasar por una separación que la llevó a empezar de nuevo. Con pocos recursos económicos, una cama y unos cuantos libros como bienes materiales, tendría que hacer milagros para volver a instalarse convenientemente, y ello la conminó a redactar una petición.

Después de repasar sus deseos y necesidades, esbozó en un papel lo que buscaba y la suma de lo que estaba dispuesta a pagar: una vivienda semiamueblada con electrodomésticos, un salón con chimenea, cocina con mesa y sillas, tres habitaciones, situada en Laurentides, zona tranquila y limpia, propietarios amables, etcétera.

Nathalie hizo su petición apoyándose en la intensidad de las respiraciones Ha y animó a su subconsciente a que participara en el proyecto, manteniendo constantemente una visualización positiva.

Y... ¡sorpresa! En menos de una semana, en los periódicos locales, encontró palabra por palabra, y en el mismo orden en que había hecho la petición, el anuncio de un piso en alquiler con tres habitaciones. Concertó una cita y, dos días más tarde, visitando el piso se dio cuenta de que todo correspondía exactamente a su solicitud, menos el detalle de que la nevera era de color amarillo. ¡Había olvidado mencionar la armonía de los colores! El 24 de diciembre Nathalie gozaba de un nido acogedor en Laurentides.

* *La compra de una vivienda.*

En cuanto a Dominique,[20] que planeaba irse a vivir a una casa nueva, también las cosas se le presentaron igualmente rápidas. Incluyo algunas palabras de la carta que me escribió después de obtener resultados positivos. Su petición decía así: «Aumakua, invoco tu ayuda para encontrar una casa que esté a una distancia razonable de mi trabajo, en el período de tiempo más adecuado, para comprar, construir o alquilar. Quiero que la casa tenga un gran terreno que cuente con buenas energías, agua potable y una tierra fértil. Estará bien orientada con respecto al sol y alejada de diversas fuentes de polución. Contará con agua: un arroyo, un río o un lago. Mi próxima casa se ajusta perfectamente a las necesidades de las personas que viven conmigo, ___________, ___________, ___________, ___________, y de nuestro perro. Es una casa muy saludable, bien iluminada y económica de mantener. Invoco con toda la fuerza de mi ser una casa ASÍ o MEJOR AÚN. Se cumple. Gracias. Estoy muy contenta de vibrar contigo. Te quiero mucho. Dominique».

El título de la petición, que olvidó recordarme, hubiera podido ser: «Estamos entrando a vivir en una casa magnífica». En este caso, Dominique define claramente sus prioridades en cuanto al entorno, mientras que para el resto se entrega con desapego y confianza en su aumakua.

A continuación os describo su testimonio: «Tras haber enviado esta petición, el 2 de abril, catorce días después de iniciar este proyecto, encontré por casualidad la casa el 22 de mayo. Un domingo, dando una vuelta, encontré a la orilla de un lago una casa que me gustó mucho, pero aunque era inspiradora, no llegué realmente a fijarme. Así que no indagué y lo dejé pasar para evitar precipitarme. El lunes por la tarde decidí ir a caminar tranquilamente por los alrededores para relajarme y en medio de ese paseo improvisado en-

---

20. Nombre ficticio.

contré exactamente lo que buscaba, y más. Al ver el anuncio en el camino, antes incluso de descubrir más cosas, supe que esa casa era para mí».

Dominique adquirió esta casa poco después, sorprendida por todos sus atributos. Su intención era utilizar este recurso que había experimentado con total éxito y comenzó a prepararse para la siguiente solicitud. Un primer éxito despeja dudas y ayuda a ser perseverante en proyectos posteriores.

2. Las relaciones humanas.

Según mi experiencia, las peticiones concernientes a las relaciones humanas representan una proporción significativa de los temas abordados. No voy a proporcionar aquí testimonios concretos a causa de sus características, sino más bien orientaciones para reflexionar.

Antes de elaborar una petición concerniente a una relación, te invito a investigar las motivaciones más profundas que te impulsan a ello. Éste es un aspecto muy importante, ya que es una cuestión que concierne a terceras personas. Si lo que deseas puede causar daño a alguien, tu alma puede usar su derecho a vetarlo. Inicia antes un proceso interno con total honestidad. ¿Reconoces tu parte de responsabilidad en una relación? ¿Estás dispuesto a progresar a través de tus relaciones? ¿Exiges cosas basadas en tu propia satisfacción? ¿Escondes una dependencia emocional? ¿Sientes la necesidad urgente de arreglarlo? ¿Por qué? Éstos son sólo algunos ejemplos de preguntas que debe uno hacerse antes de empezar.

* *La familia, los amigos, los compañeros.*

Si aceptas el hecho de que has elegido deliberadamente tu familia, tus padres, tus hermanos, tus hermanas, en fin, a todos los miembros que componen tu familia antes incluso de encarnarte, estás preparado para considerar que cada uno de ellos está llamado a jugar un papel importante en tu desarrollo, ya sea en relación al amor y la compasión o al desafío que te lleve a acoger las lecciones de vida que has elegido junto a tu aumakua.

A lo largo de tu viaje, atraerás inevitablemente nuevas personas, amigos, colegas, jefes, que te ofrecerán ocasiones para evolucionar. A menudo aparecen para ayudarte a superar los retos iniciales elegidos por tu familia para asegurar la continuidad. Observa el hilo conductor de tus relaciones, es el que manifiesta tu progreso. En el trascurso de tu despertar y de tu trasformación, las personas que te rodean cambian, o si no, marchan cuando ya no están en concordancia con tu energía.

Al aceptar esta premisa, comprendes que no puedes hacer la petición para cambiar a los demás, sino para identificar lo relativo a la dinámica de cada una de las relaciones que has construido o deseas atraer. Todo está en su justo sitio para hacerte evolucionar. Estás en onda para aprender a comunicarte, a colaborar, a VIVIR en el respeto mutuo. Tú nunca tienes la responsabilidad o el poder de cambiar a los demás. Todas tus experiencias te invitan sobre todo a cambiar tu reacción hacia los demás y a comunicarte con tu Yo divino para percibir su Luz, fuente de elevación.

No estás obligado a relacionarte con todas las personas que juegan un papel en tu vida, se trata más bien de aprender por qué han formado o forman parte de tu vida, por qué razón experimentan tal dinámica con su contacto. Si una relación, por la razón que sea, resulta más difícil, identifica en primer lugar qué es lo que te hace reaccionar en el espejo que te refleja, y después investiga lo que se ha trasformado en tu interior a fin de liberarte de las emociones conflictivas. Éste es un aspecto que se desarrolla muy bien en el Ho'oponopono, en el capítulo 10. En consecuencia, si a través de lo que ellas despiertan en ti, eres capaz de conocerte y trasformarte, habrán cumplido su misión, ya sean conscientes de ello o no. Seguirá a continuación bien una reconciliación o bien una separación de vuestros caminos para el mayor bien de cada persona, y tú atraerás las vibraciones que armonicen más con las tuyas.

* *La pareja.*

La relación entre cónyuges siempre está impregnada de las experiencias pasadas que has experimentado o de las que has formado parte. Los pensamientos y las creencias que has almacenado guían tu elección de pareja y de experiencias y continuarán haciéndolo en sintonía con tu trasformación.

Muchas veces he invitado a las personas deseosas de poner fin de una vez por todas a los «aprendizajes» difíciles en pareja a que se replanteen su perspectiva. A menudo, sueñan con una relación en la que el cónyuge satisfaga todas sus expectativas y elaboran una larga lista de deseos…

En lugar de redactar una «ficha descriptiva» del candidato ideal, te invito a reflexionar sobre *el tipo de relación que desearías vivir.* Es mejor dirigir tu atención a unas vibraciones particulares que a una proyección demasiado específica. Tu atención no se orientará hacia lo que el otro debe ser y debe aportar a la relación, sino hacia *los principios de una relación en la que desees implicarte.* En lugar de pensar que deseas que el otro tenga tales características o tales cualidades, que te trate de una determinada manera, irás en primer lugar a explorar tus valores espirituales y los diferentes aspectos de una compatibilidad mental y física para poder coincidir en la acción y en el deseo de avanzar. Si estás preparado para satisfacer las exigencias de una verdadera relación, no te verás en un estado de alerta, te «pondrás en marcha» preparándote a desarrollar por ti mismo todo aquello que consideras digno de ser vivido.

Sé la vibración que deseas atraer. Empieza ante todo por amarte y atraerás el amor. ¡Acógete tal como eres, apréciate en cuerpo y alma, respétate, reconoce tu valor, date placer! ¡Sé generoso e indulgente contigo mismo! ¡Sé genuino, honesto y auténtico! ¡Comunícate con el lenguaje del corazón! ¡Afírmate con tacto! La lista de actitudes a desarrollar puede ser interminable. Al evolucionar trasformarás tus vibraciones y atraerás las energías que armonizan con las del otro, ya sea dentro de tu pareja actual o en una nueva relación. Relájate y vive tus progresos día a día, con presencia. Si sientes impaciencia por ver los resultados, ten en cuenta que *un tiempo de espera bien invertido es la garantía de una unión más evolucionada.* En ciertos casos, las personas de paso también pueden hacerte progresar en uno u otro aspecto. Se trata de relaciones preparatorias o complementarias.

A medida que evoluciones, buscarás a alguien que camine en tu misma dirección, que esté dispuesto a cuestionarse, que invierta en ello con amor y la sabiduría, que quiera realizarse en un amor compartido. Formaréis una pareja madura en la que cada uno se asuma a sí mismo, una pareja encarada al mundo para aportarle su grano de arena. La consecuencia será la de engendrar y experimentar el verdadero amor. En consecuencia, tendréis un efecto sinérgico para amplificar lo mejor de cada uno.

Un poco más adelante, a través de las peticiones de Marie-Hélène y Céline, descubrirás un apartado que trata con detenimiento y amplitud la relación dinámica con un socio o colaborador.

Por medio de tu petición, se te guiará para que trasformes tus patrones de pensamiento e intensifiques con gratitud la luz que dinamizará a partir de ahora tus relaciones.

* *El acompañamiento.*

Una petición basada en el acompañamiento necesita en primer lugar una reflexión profunda para comprender todos los aspectos e implicaciones. Ya sea como amigo, familiar, colega, persona voluntaria o vecino, siempre que se te presente la oportunidad de reconocer y de representar tu papel, contempla con perspectiva y trata de investirte de una actitud respetuosa y que sea divinamente apropiada. Prepárate a seguir con gran respeto la inspiración que calma y guía tus intervenciones.

Muy a menudo, las personas me confían su ansiedad a la hora de acompañar a otras personas por las que sienten mucho afecto. *Comienza por trasformar tus emociones, pues las personas a las que acom-*

pañas sienten tu energía. Lo que emana de ti es mucho más potente que lo que dices. Controla tus dudas, tus miedos, tus inseguridades. Deja de proyectarlas. Cúrate a ti mismo. Encuentra tu propio equilibrio y podrás aportar algo constructivo a tu alrededor.

Acompañando a los otros, generarás un acto de consciencia hacia la liberación y el progreso. Una vez hecho esto y cuando los otros estén protegidos, deja la puerta abierta a que ellos experimenten sus lecciones de vida. Ellos tienen su propia fuente de energía y deben ponerse en marcha por ellos mismos. Tu papel no está en tomarlos de la mano y guiarlos, sino en iluminarlos. Confía en ellos. Quédate sólo con lo que te pertenece.

Los pensamientos que proyectas hacia los demás son siempre fuertemente percibidos. Contribuyen a elevarlos cuando tú visualizas sus fuerzas. El maestro *vis-à-vis* con su alumno, la madre hacia su hijo y el propietario *vis-à-vis* con sus empleados *participan en la evolución de aquéllos a quienes acompañan por medio de los pensamientos que proyectan en ellos.* ¿Qué tipo de relaciones nutres? Fíjate bien en los aspectos positivos que tienes que desarrollar en cada relación, tales como la confianza, el respeto, la valentía, la comunicación, la unidad. Estas reflexiones y muchas otras deben preceder a la elaboración de tu petición de acompañamiento a fin de orientarla sabiamente.

Cada uno tiene que aprender sus lecciones. Acompaña a los demás con amor y compasión contribuyendo con confianza a despertar sus fuerzas, ¡sin imponer nada! Visualízalas en la dimensión más elevada. Dirige la energía a su alma y sabrás que será utilizada allí donde sea importante hacerlo. ¡Deja que la magia suceda!

Aquí tienes unos extractos de solicitud de acompañamiento que pueden ayudarte en tus reflexiones:

(Niños) «Aumakua, te invoco para hacer emerger y utilizar con respeto todos mis recursos para acompañar a mis amados hijos en su viaje y en el cumplimiento de sus planes de vida. Guiada por mi sabiduría interna, estoy dispuesta a aceptar con discernimiento lo que me pertenece en nuestras experiencias y a trasformarme a fin de encaminar las almas que tú me has confiado. Invoco de una manera más concreta que se ajuste la conexión kármica que siento con mi hijo François a fin de que cada uno de nosotros evolucione en lo divino en la relación madre-hijo, atendiendo a las razones que cada una de nuestras almas nos invite a asumir. Llevada por mi amor incondicional, abro mi canal para captar la inspiración en cuanto a mi papel maternal y me dejo guiar por tu luz para orientar mis intervenciones».

(**Amiga**) «Aumakua, me abro a tu luz para hacer surgir mi fuerza interior en el acompañamiento a Fabienne. Me dejo enteramente guiar por la inspiración para comprender y jugar mi papel en lo divino. Doy gracias por la claridad de los mensajes que recibo y por la gran calma que siento en mi interior. Reconozco nuestros bellos regalos de evolución respectiva y respeto con amor desinteresado la elección de sus experiencias».

Los resultados de las peticiones se manifiestan a veces con rapidez, a veces con lentitud, según diferentes criterios, como por ejemplo el progreso espiritual de la persona que hace la solicitud, la duración y el alcance del acompañamiento, el cual puede ser puntual o puede durar toda la vida. En este tipo de solicitud, las posibilidades de progreso seguirán la petición para activar la evolución de cada ser. La solicitud aparece entonces como el motor que inicia el movimiento de elevación de la consciencia.

Puesto que hay varios aspectos a considerar y también muchas etapas que vivir en el entrenamiento, te sugiero que inviertas también la suficiente energía en tu petición.

Monique, que vivió la experiencia de una petición de acompañamiento, me confió que *sintió que su petición se había resuelto en el momento en que se vio dispuesta a entregarse por completo a su Yo divino* para vivir confiadamente la relación madre-hijo: «Todo está donde tiene que estar, ahora puedo consagrarme a otro objetivo». Monique considera que la trasformación que se ha operado en ella se sigue manifestando, después de los años, en diversas formas.

3. La salud.

La salud cubre todos los aspectos que permiten honrar el cuerpo que has pedido prestado para encarnarte en él.

Por medio de los símbolos, tu vehículo físico busca constantemente hablar contigo. A veces, te envía el resultado de los pensamientos que has captado, alimentado y guardado a través de las resistencias a los mensajes divinos que te han dirigido; otras, es la manifestación de una elección que hiciste antes de encarnarte para participar mejor en la evolución de un grupo de almas del que formas parte. Y otras veces se te aparece como una bendición para facilitar los retos que emprendes en otros aspectos.

No importa cuál sea la situación, tu responsabilidad consiste en buscar constantemente la armonía entre tus tres planos de la consciencia y tu cuerpo físico. Aceptando la situación tal como es, emprenderás un camino para descubrir el misterio que encierran las manifestaciones de tu cuerpo en la situación actual.

* *Mi curación.*

«No hay nada con más fuerza en este mundo que el pensamiento positivo, especialmente cuando se produce con emoción y convicción [...]. El principio básico de cualquier método metafísico es la certeza de que el evento sucederá, especialmente cuando se trata de la curación [...]. Se producirá una vez efectuada la limpieza del subconsciente» (Avery, pp. 7-9).

Domingo, 4 de abril de 1993

Cuando hice mi primera petición, a la manera de los grandes sacerdotes kahunas, después de un curso realizado por una naturópata, lo hice de manera muy sucinta:

«Deseo comprender y regular los traumas físicos y psicológicos que he vivido en el pasado y las consecuencias que han tenido sobre mi salud actual».

Dejando atrás mi manera tradicional de contemplar la salud, después de más de un año, me fui abriendo poco a poco y con cautela a nuevos enfoques terapéuticos me encaminé hacia ese objetivo, pero en vano. Las alergias alimentarias que me producían con frecuencia indigestiones no hacían más que multiplicarse.

Esto fue lo que me sucedió el sábado 3 de abril, durante un fin de semana enfocada en la curación.

La naturópata, una profesora guiada por una gran intuición, simuló un comportamiento agresivo hacia una persona del grupo que se había ofrecido como voluntaria. Inmediatamente después de esa demostración, me tomé mi refrigerio habitual: una naranja y seis almendras de cultivo biológico. Al poco rato, tuve espasmos estomacales y me sobrevino un brote de urticaria, unos síntomas que me no me dejaron dormir en toda la noche. A la mañana siguiente, con la ayuda de test de quinesiología, supe que me había vuelto alérgica a las naranjas y a las almendras...

A la mañana siguiente hable con la naturópata y ella me convenció de que estableciera un vínculo con el desencadenante, o sea, con la agresividad y el odio que se representó en el aula del curso la víspera, la experiencia que precedió a mi reacción. Acepté esa oportunidad que me permitió reconocer esa misma tarde, con mi diario de alimentos, que todas mis alergias anteriores habían aparecido en un contexto en el que yo había sido testigo de vibraciones de agresividad.

Una vez identificada la causa, decidí darme un plazo de tiempo para cambiar esa reacción en otro tipo de energía. Era el día de mi primera solicitud...

Descubrí el poder de la respiración Ha y construí energía mana con gran fe e intensidad emocional y la vinculé a mi petición. Cada tarde di muestra de toda mi tenacidad y perseverancia para acceder a este último recurso. Contacté con mi aumakua para dirigir mi energía de curación acumulada durante toda la jornada, vibrando de reconocimiento por el resultado que ya estaba viviendo con total emoción. Mi pareja me aportaba día a día un refuerzo alimentando mi alma de energía mana para mi mayor bien, un sostén mutuo que hemos seguido manteniendo en otros contextos.

Jueves «santo», 8 de abril de 1993

Experimento una reacción alérgica extremadamente violenta después de comer jamón. Las pruebas de quinesiología revelan una reacción a los nitritos. Este episodio no sólo no frena mi entusiasmo sino que me motiva aún más.

Viernes «santo», 9 de abril de 1993

Siento durante todo el día una falta extrema de energía, un síntoma que me es familiar y que está vinculado al desequilibrio del índice de azúcar de mi hipoglucemia. *Acepto* la situación y considero que es algo *temporal.*

Sábado «santo», 10 de abril de 1993

Las reacciones alérgicas van ganando fuerza y se manifiestan con mayor intensidad. No soporto seguir una dieta tan restrictiva. Continuo construyendo energía, determinada a regular lo que debe ser regulado y confiando en mi aumakua.

Domingo, 11 de abril 1993

¡Pascua, la resurrección!

Me despierto con una sensación diferente, desconocida hasta entonces. No siento la necesidad urgente de tomar algo nada más despertarme para equilibrar la tasa de azúcar en sangre. Tengo mucha energía. Intrigada, espero una hora y media para desayunar sin el más mínimo desasosiego. Siento que mi cuerpo es mi aliado, no tengo la impresión de tener que combatir contra él para vivir.

Mi primera reacción ha sido poner a prueba las tres afirmaciones siguientes de mi subconsciente:

1. Yo soy hipoglucémica.
2. Tengo alergia.
3. Tengo intolerancias alimentarias.

Y la respuesta a estas afirmaciones ha sido NO.

Así pues, me decido a validar la prueba y durante todo el día como tan sólo alimentos que yo clasificaría como comida basura, sin respetar mi antiguo horario de refrigerios equilibrados cada dos horas y media. ¡Y me siento muy bien! Sigo con la prueba tres días más buscando alimentarme de la manera más alejada de mis normas habituales a fin de asegurarme de que la trasformación es permanente. A pesar de lo que ingiero ¡me siento regenerada, viva, en plena forma!

¡Estoy curada!

¡Gracias, gracias, gracias! Rebosante de gratitud, di las gracias a todos mis planos de consciencia por su ayuda. Enormemente feliz de vivir en un cuerpo sano, deseaba mantener la energía que sentía entonces e investigar sobre los recursos del Huna para seguir un estilo de vida integrado en mi cotidianidad.

Sin saberlo ni haberlo leído, comprendí, como bien lo explica Kevin Quinn Avery, que la participación de la persona curada es extremadamente importante. «Es como curar a una persona de cáncer de pulmón y que ésta insista en seguir fumando inmediatamente. Esas personas siembran la negatividad en su cuerpo; esas curaciones no prueban ser rentables. *Las personas que se han curado deben siempre hacer todo lo posible por mantener la salud recuperada*» (Avery).

Así que después de tres días de pruebas, seguí manteniendo mis buenas costumbres, las de alimentarme de una manera sana, incrementar aún más mis pensamientos positivos y mantener de manera constante una colaboración dinámica entre mis planos de consciencia.

La gente de mi pueblo, que me conocía antes y que vio mi trasformación, mostró curiosidad, quería saber un poco más acerca de este enfoque. Así que posteriormente compartí con ella mis conocimientos, los cuales han evolucionado aún más con los recursos del Huna. Poco a poco me di cuenta de que yo no he nacido en esta tierra de abundancia para sobrevivir, sino para aprender a vivir conscientemente, para apreciar el privilegio que supone abrirse a la consciencia dada, y también para compartir la iluminación que se produjo en mí.

* *El peso saludable.*

Algunas personas han tenido éxito con este tipo de petición, mientras que otras se han enfrentado al fracaso. Uno de los requisitos del éxito es la motivación. Si la pérdida de peso es una condición para poder apreciarte, tu intento está llamado a fracasar. En primer lugar, para perder peso debes aceptarte y amarte.

En lugar de hacer hincapié en el fracaso, prefiero dejar que mi amiga Diane te inspire con su testimonio, contándote las condiciones que le permitieron vivir con éxito su petición de perder peso. Antes de presentarla a su aumakua, Diane quiso asegurarse de que su subconsciente la apoyaba en la meta que se había fijado. Ninguna resistencia... Cuando probamos el consentimiento de su subconsciente sobre el proyecto que albergaba en su corazón, la respuesta fue positiva. A pesar de ello, Diane optó por desarrollar un protocolo de desprogramación seguido por una reprogramación para replantearse sus ideas con respecto a su silueta, un documento que encontrarás en el capítulo 10. Ella eligió realizar en primer lugar ese proceso de limpieza para involucrar activamente a su subconsciente en los objetivos de su solicitud, enviada 10 de febrero de 2010.

Petición: Estar contenta y satisfecha de vivir en armonía con mi cuerpo.

«Aumakua, elijo trasformar la relación que tengo con los alimentos para gozar de sus saludables beneficios.

»Aumakua, quiero rendir homenaje a mi cuerpo ofreciéndole placeres agradables.

»Aumakua, invoco la gratitud de mi cuerpo por manifestar un equilibrio entre mi silueta y mi peso.

»Aumakua, bendigo mi cuerpo, que experimenta una reacción equilibrada.

»Aumakua, mi cuerpo expresa ahora la belleza, la autoestima, la fuerza y la alegría de ser una unidad.

»Aumakua, con toda la fuerza de mi ser, invoco ESTO O AÚN ALGO MEJOR para mi mayor bien.

»Que así sea. ¡Todo se ha cumplido! Gracias. Diane».

Diane elaboró su petición a partir de lo que sentía. Al compartirla contigo, acepta hacerte partícipe de una manera de pensar, no de una receta. Los resultados positivos que siguen a la entrega de esta petición se explican por la actitud de Diane durante su seguimiento. Aquí tienes un extracto de los comentarios que envió a una amiga interesa en su proyecto. Ésta me los ha trasmitido con el consentimiento de Diane.

23 de marzo de 2010

«Nuestro cuerpo puede realmente hacer magia. Es una especie de alquimista que ejecuta alegremente *lo que le dicta* nuestra mente consciente. ¿Cuántas veces comemos un postre diciéndonos que ganaremos peso? ¿Cuántas veces nos ha roído la culpa por asaltar la nevera de noche? Imagina lo que estamos *produciendo* en nuestro interior cuando nos repetimos que vamos a dañar nuestra salud o que nos vamos a engordar».

26 de abril de 2010

«¡Soy lo que escribo! Tengo una fe *inquebrantable* en la vida. Y sé que debe ser vivida con alegría, sin esfuerzo. He trabajado mi petición muy seriamente; antes, hice una desprogramación y una reprogramación. Después, he estado repitiendo durante al menos un mes, cada día, mi petición, lo hacía después de la meditación para que llegara al subconsciente y para recordar a mi aumakua lo más esencial de mi petición. Entonces, un día decidí dejarme llevar, mostrar toda mi confianza. Seguí meditando, respirando, realizando algunas afirmaciones diariamente, además de la petición. Extrañamente, sin demasiado esfuerzo, fui cambiando mis hábitos alimentarios. Reduje un poco las raciones. Me di cuenta de que tenía cincuenta años, y de que entonces necesitaba más calcio, por ejemplo. Decidí dejar atrás el pasado. Quiero envejecer con belleza y en forma, y no necesariamente delgada (pero si es así, tanto mejor); quiero sobre todo ser hermosa interiormente, ¡y en mi cabeza! De joven hice mucho deporte, ahora salgo cada mañana a pasear con mi perro labrador durante cerca de una hora, después, medito. He decidido entrenarme ahora *mentalmente.* He trasformado mis pensamientos diarios a fin de que sean coherentes con «la manera como quiero vivir». Punto. Desde la última vez que nos vimos he perdido nueve kilos ¡y sin esfuerzo! La vida está hecha para ser bella».

Diane pudo acabar su petición porque estaba llena de *confianza* y porque siguió su intuición progresivamente con mucha *presencia.*

4. La economía.

Una promoción

Tras la separación, Anne quiso aumentar *sus ingresos.* Deseaba cumplir con los objetivos financieros que su nuevo estado civil le marcaban pero sin dejar su lugar de trabajo, el cual apreciaba enormemente. Dispuesta a conseguirlo, ése fue el objetivo de su petición.

20 de mayo de 1995

Petición: ¡Bravo! ¡He conseguido una promoción!

«Cada día soy más autónoma y más independiente económicamente. Gracias a esa independencia, saldo todas mis deudas. Guiada por la luz, la paz y la alegría, controlo totalmente mi vida. Estoy totalmente satisfecha con mi vida personal y con mi vida profesional. Trabajo con gente interesante, con hombres y mujeres profundamente humanos y una mentalidad abierta. Tras la magnífica promoción, la cual acojo con alegría, me confían unas tareas muy diversas y estimulantes en las que puedo aplicar todas mis habilidades: mi creatividad, mi gusto por el trabajo bien hecho, mi facilidad por las relaciones personales, mi capacidad de expresión. Aprecio el buen ambiente que hay en mi trabajo, donde se reconocen los éxitos, se destacan y se celebran. Con toda la fuerza de mi alma, invoco ESTO o AÚN ALGO MEJOR para mi mayor bien. Anne».

Las emociones sentidas al visualizar el resultado deseado: gran satisfacción, sensación de realización, de logro; alegría, paz y confianza.

El Yo divino de Anne conocía sus motivaciones para buscar la promoción y le ofreció AÚN ALGO MEJOR, según ella. En lugar de una promoción, su aumakua la inspiró a que tuviera en cuenta otra manera de liquidar sus deudas y ser económicamente independientemente, sin trabajar más duramente y sin dejar de divertirse con la experiencia.

En 1996, teniendo un espacio disponible, se le ocurrió de repente la idea de acoger a un huésped en su casa. La experiencia fue gratificante tanto para sus hijos como para ella, y ella hoy día sigue abriendo su casa a los huéspedes. Tras acoger a un estudiante del extranjero durante un período de seis meses, los detalles de su hospedaje circularon por Europa y desde entonces el boca a boca ha hecho su trabajo sin que ella haya tenido que invertir tiempo ni energía en anunciar su casa.

El dinamismo de Anne encontró seguramente eco en lo que ella llama «la flor y nata de los huéspedes». Cada nueva experiencia hace que descubra nuevas culturas y le posibilita proyectar viajes, ya que ahora cuenta con los medios.

Además, y también en 1996, tras haber llevado a cabo esos cambios para aumentar sus ingresos, su madre tuvo la idea de avanzarles, a ella y a su hermana, parte de la herencia que pensaba dejarles.

En cuanto a su trabajo, con la llegada de un nuevo patrón, su tarea se redefine tal y como había pedido en su solicitud. Sus nuevas responsabilidades le aportan tanto placer que acude cada mañana al trabajo llena de entusiasmo. «Todo se me ilumina», me confió. Su puesto es el mismo, pero el trabajo, diferente. Después, en dos ocasiones, tuvo dos ofertas para promocionarse, pero las rehusó al considerar que tanto su vida personal como su vida profesional eran plenas. Esas ofertas implicaban unos cambios que no deseaba en absoluto.

Anne considera que su solicitud se ha cumplido, pues la entrada de un flujo de dinero inesperado ha cubierto ampliamente sus necesidades económicas, los cambios en su trabajo cumplieron con cada uno de los puntos solicitados, y sin el trabajo extra que le hubiera supuesto una promoción extraordinaria. Anne se sitúa simplemente en un proceso de crecimiento a través del trabajo para crecer interiormente. En su entorno, contribuye a difundir buenas ideas y a crear un ambiente seguro y dinámico. Participa en un comité social para establecer una estructura que fortalezca la colaboración en grupo.

El éxito la animó a seguir alimentando sus sueños para convertirlos en realidades. Me hizo partícipe de ello con una analogía: «Es como hacer un pedido por catálogo o por Internet. Visualizo el objeto de mi deseo (visualización) y lo identifico con precisión (elaboración del pedido). Reúno el dinero que necesito para ello (energía mana), tomo las medidas necesarias para conseguirlo (seguimiento de la ruta) y espero *confiadamente* sin saber qué día llegará. Como he hecho todo lo posible para conseguirlo, espero con *entusiasmo* lo que he pedido. *Sé* que llegará (fe)».

Anne ha asumido realmente el pensamiento positivo y *espera con determinación* mientras pone los medios para realizarse a través de sus sueños. Ahora, el despertar de su consciencia la lleva a reevaluar su dirección sin tener que recurrir al proceso de peticiones como en el pasado, pues se presta a mantener constantemente una buena comunión entre sus planos de consciencia *corrigiendo rápidamente cualquier desequilibrio energético.*

5. Los aprendizajes.

Los estudios y la vida

El aprendizaje supone motivación, determinación y perseverancia. En Myriam, la falta de autorreconocimiento empieza a debilitar esas bellas cualidades. Abierta a experimentar con su subconsciente un ritual de desprogramación seguido de una reprogramación de su autoestima, empieza a percibir cambios en su energía al cabo de tres semanas.

Alentada por las manifestaciones tangibles, desea ir más lejos para avanzar también en su vida. Con la consecución de sus estudios, trata de orientar su vida en la buena dirección y demuestra con su actitud que está dispuesta a participar en el proceso de una solicitud.

Su texto es un buen ejemplo de una *solicitud abierta.* Puesto que Myriam contaba con apertura de la consciencia para incluir una intención de desarrollo espiritual, el texto puede comprenderse a más de un nivel. Cada una de las frases corresponde a un objetivo específico que ella visualizaba fácilmente en su vida de estudiante. Sin embargo, evitando ser demasiado específica en cuanto al objetivo deseado, ella acepta abrirse a posibilidades en un contexto más amplio. Esto es posible cuando una persona está llena de confianza.

Ella quería dirigirse directamente a Dios. Dado que la creencia tiene un fuerte impacto sobre el resultado, es importante tener esto en cuenta.

Solicitud: Celebro mis éxitos.

«Dios, invoco tu ayuda para cumplir con mis objetivos. Dame comprensión. Intensifica tu luz para que capte rápidamente las respuestas a mis preguntas. Despierta mi fuerza, mis talentos y mis dones. Quiero alcanzar mi propia estrella, la del éxito. Ayúdame a conseguir la energía necesaria para llegar allí. Con toda la fuerza de mi alma, invoco ESTO o AÚN ALGO MEJOR para mi mayor bien. ¡Gracias, gracias, gracias! Myriam».

Myriam *visualiza* la ayuda de ángeles y arcángeles, de sus guías y de su grupo de almas. Componen los utensilios de su consciencia, le infunden la voluntad de triunfar y ponen en orden sus ideas. ¡Ella disfruta del placer de escuchar sus mensajes de éxito!

Emociones vinculadas a su triunfo: celebración, orgullo, alegría, entusiasmo, confianza, asertividad, gusto por avanzar, determinación, placer de aprender, gratitud.

Imagen de su éxito: «He celebrado cada éxito con una buena comida, acompañada de mis seres queridos. Se lo agradezco a Dios y a todas las personas que me han ayudado».

* *La danza.*

Lo que sigue a continuación podría clasificarse tanto de relaciones personales como de aprendizaje. Marie-Hélène y Pierre, con los que he podido reunirme después de muchos años, han accedido generosamente a testimoniar su petición basada en su desarrollo a través de la danza. Animados por un mismo espíritu, eligieron el mismo título ajustando las dimensiones adecuadas a su perspectiva. Con sencillez, claridad y brevedad, su petición es una gran fuente de inspiración.

ELLA:
11 de febrero de 1996
Petición: Danzo con alegría.

Aumakua, invoco bailar con Pierre cada vez mejor.

Aumakua, invoco que bailando juntos tengamos una conexión perfecta y que sintamos cada vez más placer.

Aumakua, invoco aprender con rapidez pasos nuevos.

Aumakua, invoco que la comunicación danzando con Pierre sea eficaz para poder dejarme guiar muy bien y bailar con buen ritmo, gracia y precisión.

Aumakua, con toda la fuerza de mi alma, invoco ESTO o ALGO AÚN MEJOR para mi mejor bien, el de Pierre y el de la humanidad.

Que así sea.

Se ha cumplido.

Gracias.

Marie-Hélène

ÉL:
11 de febrero de 1996
Petición: Danzo con alegría.

Aumakua, invoco ser un gran bailarín.

Aumakua, invoco tener la fuerza física adecuada para bailar con facilidad y naturalidad.

Aumakua, invoco que bailando con Marie-Hélène podamos establecer una comunicación eficaz para que la pueda guiar con claridad.

Aumakua, invoco ser un excelente bailarín de danza moderna y en estilo latino.

Aumakua, con toda la fuerza de mi alma, invoco ESTO o ALGO AÚN MEJOR para mi mejor bien, el de Marie-Hélène y el de la humanidad.

Que así sea.

Se ha cumplido.

Gracias.

Pierre

En el otoño de 2011, cuando me reuní con ellos, Marie-Hélène me habló de esta consulta como punto de inflexión mágico en su vida. Para esta solicitud, Marie-Hélène y Pierre, que justo acababan de conocerse en una clase de baile, establecieron la apertura y la confianza como base de su relación. Preparar la petición conjuntamente les permitió abordar su relación de una manera más profunda, superar etapas para vincularse de una forma armoniosa y, finalmente, superar sus inseguridades para socializar el amor.

El título de petición representaba el puro placer. Con el tiempo, Marie-Hélène, a quien le releí la solicitud de la que me había dejado una copia, se dio cuenta de que el deseo era un trampolín para integrar la alegría y el placer en una relación, para dar cohesión a la pareja y para conseguir la extraordinaria comunicación que ha sido después la base de su relación.

A través de la danza, Marie-Hélène y Pierre vivieron realmente un proyecto común y mostraron estar abiertos a otras dimensiones. La colaboración de sus almas en poa aumakua para asegurar el éxito del proyecto ha contribuido sin duda a hacerles evolucionar juntos después de todo este tiempo.

Según el testimonio de Marie-Hélène, el cual me permito citar aquí, esta solicitud sujeta a diversos niveles posibles de manifestaciones es lo suficientemente abierta como para atraer ALGO AÚN MEJOR a sus vidas: «A través de esta petición, ha sido una revelación ver a Pierre tan abierto y tan receptivo a las cosas que me iluminan tanto. ¡Eso me ha permitido verlo desde otro ángulo! Ha sido algo excepcional para mí, ha sido excepcional para los dos. Sin duda, yo aposté tanto por la danza porque no me atrevía a apostar por el amor. El baile ha permanecido ahí durante muchos años, y cuando nuestras piernas se fatigan, siempre queda el amor. Y amor era lo que mi corazón y mi alma deseaban. Me gusta girar con el sonido de una música conmovedora. Me gusta dejarme guiar. Me gustan los vestidos bonitos, las joyas y el calzado que nos ponemos para bailar. Pero es sobre todo el amor lo que me alimenta y me eleva, lo que nutre cada parcela de mi vida diaria. Creo que, debido a decepciones pasadas, o a una falta de confianza, no me atrevía a pedir que el amor se hiciera realidad, pero lo ha hecho ¡y con la danza, además! Mi profesor de reiki me dijo un día que «cuando algo es verdaderamente para nosotros, nos llega, y nos llega además con un regalo extra para demostrarnos que estamos en el camino correcto». El baile fue mi regalo.

«Lo que yo quería era amor. Pero no me atrevía a pedirlo. La vida ha sido más inteligente, más perspicaz o simplemente más bella y me ha dado las dos cosas. Un regalo, y, sobre todo, lo que yo realmente deseaba pero no me atrevía a pedir. ¿Por qué conformarnos con menos cuando la vida nos ofrece más? ¿Por qué limitarnos?».

6. La faceta humanitaria.

* *Una petición colectiva.*

Como todos estamos conectados, todos somos constantemente cocreadores de manifestaciones que se presentan a gran escala. Cuando cada uno de nosotros eleva su frecuencia vibratoria y permanece centrado en su corazón sagrado, tenemos conjuntamente el poder de trasformar el mundo según la visión común que compartimos. Cada persona que eleva su frecuencia de vibración influye en su entorno, por lo tanto la magia que se crea en diversos entornos.

Con ese espíritu, te invito a formar un poa aumakua, es decir, una reagrupación de supraconscientes y a hacer circular una petición conjunta en la forma que te convenga. La aportación de cada persona es importante. *La comunión de las almas en un objetivo común es extraordinariamente poderosa. Contribuye activamente a la aparición de la luz.*

Participa de manera entusiasta en un proceso de elevación de la consciencia. Invoca el apoyo del poderoso poa aumakua para que cada uno de los participantes aporte la determinación, la voluntad, el coraje, la perseverancia y la confianza para reconocer y representar de forma espontánea su papel personal y humanitario. Haz que surja tu esencia divina por medio de una armonización interior y de la amplificación de las energías del amor, la paz y la gratitud.

Con el tiempo, tu consciencia captará de manera más espontánea los mensajes a ti destinados, reaccionará con mayor rapidez a las invitaciones de limpieza con Ho'oponopono, tus bajadas de energía serán cada vez más breves, estarás cada vez más inspirado, se manifestarán numerosas sincronicidades, etc. Y te sentirás motivado a continuar contribuyendo.

Poco a poco, tu vida se convertirá en una meditación continua y experimentarás la inmediatez entre pensamiento y manifestación.

* *Una solicitud personal abierta.*
En ese mismo orden de cosas, Céline, de vuelta a casa, tras varios años en el extranjero trabajando en causas humanitarias, tenía una idea muy clara de lo que quería.

11 de septiembre de 1995

Solicitud: Soy un instrumento de la luz.

«Querido aumakua, en el curso de mi evolución espiritual y en el camino que tengo que vivir, quiero ser guiada por tu luz. Quiero que mis habilidades y mis recursos sean mi contribución en mi próximo trabajo. A través de este trabajo, quiero ser un instrumento de luz para participar en el bienestar de todos los habitantes del planeta Tierra, para hacerles prosperar, para ayudarlos a tomar el control de sus vidas dirigidos por la energía del amor. Para cumplir esa misión, quiero regular en mi propia vida todo lo que necesita ser regulado y lograr el equilibrio en las siguientes áreas:

»• Deseo tener una salud perfecta a todos los niveles.

»• Quiero contar con unos adecuados recursos económicos.

»• Deseo tener los recursos humanos necesarios para cumplir este proyecto.

»• Quiero tener una vida afectiva y emocional gratificante, con una pareja que también se implique en la energía de amor para el bienestar de todos los habitantes del planeta.

»Querido aumakua, deseo recibir las herramientas que me permitan esta realización y la capacidad de reconocerlas y utilizarlas juiciosamente, guiada por tu luz divina. Con toda la fuerza de mi alma, invoco ESTO o AÚN ALGO MEJOR para mi mayor bien. Gracias. Céline».

Los resultados fueron inmediatos. Conociendo la determinación, la fe y la dedicación de Céline, yo sabía que iba a volcarse de lleno en el proyecto centrando toda su atención en identificar las pistas que le permitieran avanzar. A partir de entonces, toda su energía se activa para movilizar sus planos de consciencia en una misma dirección. En la primavera del año siguiente, me llamó para compartir conmigo buenas noticias. Se habían cumplido todos los aspectos de su solicitud, pues todos habían tomado sentido en la misión que ella se había propuesto. A continuación vemos la manera en que Céline contempla hoy día la manifestación de su solicitud.

«En 1995, cuando escribí esta petición, yo trabajaba como enfermera en una residencia de ancianos. Ponía mucho amor tanto en los residentes como en mis compañeros de trabajo, quienes me lo devolvían con creces. Siempre he creído que estamos en este mundo para amarnos y ayudarnos unos a otros. Ese año tuve un sueño.

»Entraba con mi hermana mayor en un restaurante, en él había un hombre sentado solo en una mesa. Yo no lo conocía de nada. "¡Es él, tu futuro socio! –me dijo mi hermana en el sueño–. Los dos tendréis la misma misión".

»Un año más tarde, en 1996, en una librería, tras un meditación en grupo, reconocí de inmediato al hombre del sueño. Se dedicaba a dar a conocer casas de madera, las menos contaminantes para el planeta.

»Evidentemente, durante los trece años que estuvimos juntos, le secundé lo mejor que pude. En el fondo ese trabajo no era más que una excusa para conocer a muchas personas, ya fuera en ferias de hábitat o en las visitas que nos hacían los futuros compradores de esas casas. Invariablemente, las conversaciones giraban en torno a la espiritualidad. Normand, experto en construcción, siempre estaba dispuesto a aconsejar a quienes deseaban construirse una nueva casa. Motivado por una energía de amor, comprendió que debía luchar por mejorar su entorno. Normand y yo nos amábamos mucho. Fue muy gratificante vivir con una persona tan carismática.

»Por el momento, mi salud es perfecta. Vivo en una casa maravillosa construida con amor por Normand antes de su muerte, en enero de 2009. Desde febrero de ese mismo año, estoy haciendo un voluntariado en la editorial de una ONG rodeada de una personal extraordinario.

»En octubre de 2011, conocía a un hombre maravilloso, que también deseaba encaminar sus pasos para convertirse en mejor persona. Le siento impulsado por una energía de amor hacia quienes le rodean. Creo en definitiva haber sido guiada por la luz, tal como invoqué en mi petición.

Céline».

22-11-2011

Capítulo 8
La presentación y el éxito de tu petición

La presentación

Ahora es el momento de presentar tu petición a tu Ser divino. El ritual que aquí se presenta tiene como objetivo aumentar la sinergia ente tus planos de consciencia mientras te sumerges en un estado de profundo reposo:

1. El contexto.
Antes de empezar, elige las circunstancias que te faciliten una gran concentración: ubicación, tiempo, soporte auditivo… A continuación, mantén los ojos cerrados para facilitar la concentración.

2. Participación.
Con el fin de reunir a todos tus planos de la consciencia en el proceso, haz una serie de cinco respiraciones Ha dirigidas a:

- la fuerza creativa del universo, la Fuente;
- aumakua, tu supraconsciente;
- uhane, tu consciencia;
- unihipili, tu subconsciente;
- tu cuerpo físico.

La consciencia aumenta cuando uno se comunica con gratitud con cada nivel de su ser.

3. Las respiraciones Ha específicas.

Continúa con unas cuantas respiraciones Ha específicas para tu petición. Por lo tanto, durante la fase de la espiración, nombra mentalmente el título de tu petición visualizando con entusiasmo la imagen correspondiente al resultado esperado. La energía mana creada específicamente hasta la fecha para la petición se presentará ante el supraconsciente. Para mantener un buen contacto, mantén los ojos cerrados hasta el final.

4. Unihipili, tu intermediario.

Tu subconsciente, unihipili, debe acompañarte para reunirte con tu supraconsciente, aumakua. Invítale a que juegue su papel de intermediario entre tú, espíritu consciente, y tu supraconsciente a fin de generar su entusiasmo.

5. La trasformación en mana loa.

Pídele sencillamente a tu subconsciente que reúna toda la energía mana ______________________ (título de tu petición) almacenada hasta la fecha y que la dirija a tu supraconsciente aumakua. Se trata de una directriz que comprenderá de manera espontánea, puesto que es él quien administra la energía. Sólo él tiene la capacidad de trasformarla en mana loa para que sea adaptada por tu consciencia superior.

6. El intenso contacto con tu aumakua.

Éste es el momento de ponerte en contacto con tu supraconsciente. Bien preparado, una vez que has involucrado a tu subconsciente en tu petición, vas a sentir realmente la fuerza de tu Ser divino.

* *El contacto.*

Traspórtate mentalmente a un lugar inspirador a fin de comunicarte con tu aumakua. Visualiza su cálida acogida. De igual modo que se visita a un ser querido, muéstrale tu alegría y hazle un regalo. Déjate guiar por lo que surja: una imagen, una palabra, un símbolo, un soplo de gratitud, etc.

* *La energía de la trasformación.*
Tu mana convertido poderosamente en mana loa es recibido por tu Ser divino. Visualiza su fuerza. Sólo te queda comunicarle de manera precisa el objeto de tu solicitud y la energía de la trasformación entrará en acción.

* *La presentación de la petición.*
Dependiendo de la forma prevista en el punto 9 para la preparación de tu petición, preséntala en voz alta, empezando por el título. Tómate el tiempo necesario para sopesar cada palabra y sentir vivamente su impacto.

Todo este protocolo permite intensificar tu atención. Concéntrate solamente en el objeto de tu petición debidamente planificada durante la preparación del texto. ¡Atención! Si durante esta fase de presentación tu pensamiento se desvía, atraerás al objeto al que te has desviado.

* *La visualización y las emociones.*
Sumérgete en las imágenes visualizadas que corresponden al resultado deseado y tómate un tiempo para sentir las emociones y sensaciones relacionadas con él. Esto es muy importante, pues tu subconsciente, que colabora estrechamente contigo, se impresiona en primer lugar por las imágenes; después, por las emociones; y finalmente, por el texto.

7. La gratitud.
Agradece a tu aumakua y a tu unihipili su hermosa colaboración. Abre los ojos.

8. La acción.

¡Has llegado! Considera el resultado de tu petición como si ya estuviera en marcha y pasa a la acción para activar el movimiento en curso.

Tabla 10

La presentación a tu supraconsciente

1. Elige un entorno favorable para la relajación. Cierra los ojos.
2. Realiza una serie de cinco respiraciones y ofrécelas como un regalo a cada plano de consciencia para integrarlos en la unidad y la gratitud.
3. Respira un poco del mana específico para tu petición a manera de recordatorio.
4. Invita a tu unihipili a que colabore con entusiasmo.
5. Pídele que dirija tus reservas de mana hacia tu aumakua.
6. Únete a tu aumakua. Visualiza un lugar inspirador y siente el poder de la energía trasformada. Concéntrate en la petición visualizando los resultados con emoción (haz la lectura completa sólo la primera vez).
7. Agradece a todas las energías que colaboran con tu éxito.
8. Considera que el cambio se activa gradualmente.

Seguimiento de la petición

Una vez que tu solicitud está en las buenas manos de tu aumakua, tú, espíritu consciente, tienes la responsabilidad de supervisarla teniendo en cuenta las siguientes consideraciones:

1. El contenido escrito.

Tu solicitud es como la plantación de una semilla. El contenido escrito de tu petición correspondería a la semilla de lo que deseas que brote. *El texto y la visualización asociados a tu petición no deben cambiar.* Nunca se extrae una semilla de la tierra para modificarla, de lo contrario moriría. La semilla ha brotado, ahora hay que asegurarse de que crezca administrándole buenas atenciones y cuidados.

2. La coherencia.

Todos los pensamientos positivos que albergas representan el abono de la siembra, pues inevitablemente, atraerás aquello que piensas. Toma plena consciencia de tus creencias y pensamientos acerca del tema de tu petición. Una tierra rica, libre de residuos tóxicos, es muy prometedora. Abónala de manera regular con un poco de compost o nutrientes. Eso corresponde a las acciones que emprendes y a tu actitud, pues todo ello refleja la coherencia con lo que esperas. Escúchate hablar a ti mismo y fíjate en cómo actúas para participar conscientemente en la trasformación a la que quieres dirigirte. ¿Estás dando órdenes contradictorias? ¿Estás contribuyendo al máximo en el proyecto? Así por ejemplo, el éxito en los estudios implica involucrarse concretamente en el desarrollo de competencias.

3. Tu aportación regular de energía mana.

- *Relájate mientras haces las respiraciones conscientes a fin de concentrarte en tu objetivo.* Una vez hayas desarrollado tus conocimientos en radiestesia, podrás evaluar la cualidad de tus respiraciones dirigidas.
- *Elabora cada día la energía mana* específica para tu petición acumulando las reservas de energía en ______________________ (título de tu petición) a través de la respiración Ha. Durante la fase espiratoria, repítete mentalmente el título que has elegido. De este modo, tu unihipili comprenderá que esa energía va encaminada a poyar tu petición. Pídele que la reserve para el próximo contacto con tu aumakua.
- Siente con emoción cómo la energía se acumula. Imprégnate de las sensaciones vinculadas al cumplimiento de tu petición imaginándote viviendo ya tu nueva condición.
- Para nutrir el germen de un evento futuro, debes impresionar a tu subconsciente con la importancia que le das. De este modo, la regularidad en construir energía tendrá efecto y contribuirá sobremanera al éxito que buscas.

- *Preséntale* a tu aumakua, de manera regular, ya sea a diario o cada dos días, *la energía acumulada para tu petición.* En el momento en que la reciba tu Ser divino, se activará por ella misma. En ese momento tu unihipili te ayudará a trasformar tu mana en mana loa, una energía más potente.

Para establecer contacto con tu supraconsciente, te recomiendo utilizar el protocolo sugerido en la tabla 9. Sin embargo, en la petición diaria no tienes que volver a leer el texto a tu Ser divino. Tu aumakua ya conoce el contenido de tu petición, y a ese nivel de consciencia no hay necesidad de repetir. Puedes omitir entonces el paso correspondiente a la lectura del texto. Busca estrategias para integrar globalmente los pasos de la petición y podrás concentrarte fácilmente para poder sentir bienestar en cada uno de los contactos.

Si por el contrario sientes que tu pequeño unihipili necesita realmente que le impresiones de manera regular, que desearía escuchar de nuevo el contenido de tu petición, hazlo por él. Cualquier manera de motivarlo para que colabore es válida. En tal caso, hazle sentir la emoción de escuchar el mensaje cantado, por ejemplo, o hazle una relectura. Si lees el texto justo antes de dormir, impregnarás en la sustancia aka de tu subconsciente la idea de que no será molestado durante varias horas. Tus formas de pensamiento ganarán fuerza. Grabando profundamente tu mensaje, tu unihipili se impregnará de él y responderá más ardientemente en su evocación, pues sentirá que eso es lo que te hace feliz. Le ganarás para tu causa. Recuerda agradecerle su maravillosa colaboración.

De este modo, tu trío se activa conjuntamente en una comunión de pensamientos.

Los criterios del éxito de una petición

Son diversos los factores a tener en cuenta para asegurar el éxito de una petición dirigida a tu aumakua. *La magia aparecerá puesto que participas activamente.*

1. La discreción.

A menos que elabores conjuntamente una misma petición, nunca compartas con tu familia y tus conocidos tu petición así como las manifestaciones que indican su progreso. Se trata del proceso de un logro *personal* que está sucediendo en tu interior, en las profundidades de tu consciencia. Tú puedes avanzar por ti mismo. Para que tus deseos se manifiesten debes guardar en secreto tu proyecto personal y protegerlo de las energías negativas involuntarias de los demás.

Mantén una actitud discreta, inflexible y decidida. Tu confianza es inquebrantable puesto que tus deseos descansan en manos de tu aumakua. La consecución de tu plan está activada por el poder ilimitado de tu Ser divino, por la energía que tú acumulas y por el apoyo constante de tu subconsciente. Ahí es donde radica tu fuerza. ¡Recuérdalo!

Sólo las peticiones conjuntas pueden ser compartidas, ya que están respaldadas por una reagrupación de almas que actúan en poa aumakua.

2. La convicción profunda, la fe.

Con esta actitud, *no te dejes impresionar nunca por las apariencias.* A mí me ha pasado muchas veces que he vivido manifestaciones opuestas a las que buscaba. Más que sembrar la duda en mí, las percibía como ilusiones concebidas para poner a prueba mis creencias y persistía con todas mis fuerzas para mantener mi rumbo. Estas experiencias se manifiestan a menudo como una última limpieza frente a una liberación total vinculada al cambio previsto. A continuación, algunos ejemplos de ello.

Cuatro días antes de que se manifestara mi curación total de las alergias alimentarias y la hipoglucemia, tuve una reacción extremadamente fuerte, como nunca antes había experimentado.

Dos días antes de viajar a China con miras a la adopción, supe que no encontraban mi dosier en el departamento de inmigración de Canadá a causa de un traslado a otra provincia. Necesitaba los documentos del Ministerio canadiense antes de que interviniera la Oficina de Inmigración Quebec. Todo el proceso pudo completarse tan sólo quince minutos antes del cierre de las oficinas, la víspera de mi partida prevista a primera hora de la mañana.

Económicamente, cada vez que he sufrido importantes altibajos en mis ingresos, he considerado que se trataba de algo circunstancial, convencida de que yo había nacido para la abundancia.

Libérate de los pensamientos negativos. No dejes que te invada nunca el miedo, la inseguridad o la duda.

3. La disciplina.

Durante años, mientras intentaba mantener un buen nivel de energía alta y la atención claramente dirigida hacia lo que deseaba, lo obtenía sin tener que hacer una consulta específica. ¿Por qué? Porque *sin invertir tiempo extra, mantenía asiduamente una comunión armoniosa entre mis planos de consciencia.* Desde que me despierto, recuerdo a subconsciente, a manera de recordatorio, las creencias y principios que guían ahora mi vida; también mantenía una conexión constante con mi «Ser» superior, ya hubiera una petición en curso o no.

Sin embargo, poco a poco me he dejado atrapar por los retos y el ritmo trepidante de mi trabajo en la comisión escolar. Dejé mis apreciadas herramientas porque no tenía tiempo (¡) para invertir en mí misma. Gradualmente, me fui sintiendo superada por las expectativas, que se iban multiplicando; estaba totalmente desconectada, sufriendo por la dualidad. De modo que tuve que ajustar un patrón de comportamiento importante cuando, a raíz de una depresión, la vida me invitó a hacer un balance. Tuve que identificar el desequilibrio que mantenía por mi lado salvador, que habría querido ayudar a todos los profesores, aunque no estaba en condiciones de hacerlo, y mi lado maternal, que se sentía impotente para solucionar las situaciones que se planteaban con mis adolescentes.

La solución estaba en la energía de amor por mí almacenada para que mi trío colaborara y se elevara por encima de los desequilibrios que yo atraía. Este tiempo de inactividad apareció como un regalo para invitarme a reconocer mis límites una vez más y a tomarme el tiempo necesario para limpiar mis pensamientos y cambiar de perspectiva. Ésta era una oportunidad para reconsiderar el equipaje que llevaba sobre mis hombros y dar a cada uno lo que le correspondía. Aún hoy día tengo que reaccionar rápidamente cuando se me pide algo y resistirme a responsabilizarme de las experiencias que los otros «me hacen llegar».

Si en semejante torbellino yo hubiera mantenido una *disciplina espiritual,* habría evitado un aprendizaje tan duro. Por medio de una petición, durante la fase de «germinación» de tu «semilla», se te invita a *acostumbrate a elaborar un plus de energía y a colaborar intensamente con tus planos de consciencia.* Llegarás a lo que los hawaianos llaman el «estado pono», que significa «orden perfecto, rectificado». Mantén esa buena actitud el resto de tu vida, en todas las circunstancias, incluso cuando no tengas ninguna petición en proyecto. Integra en tu vida la disciplina diaria que coloca esta hermosa comunión en un objetivo elevado y todos los aspectos de tus experiencias serán más suaves. *La respiración Ha es una fuente de elevación y de vida;* ella debe marcar todos tus días, sin que necesariamente haya un protocolo que la acompañe.

Max Freedom Long tenía por costumbre repetir a todo el que quisiera escucharlo lo siguiente: «If you're not using Huna, you'are working too hard» («Si no utilizas Huna, despliegas un esfuerzo innecesario») y lo hacía para remarcar la rentabilidad y la eficacia que el Huna te ofrece.[21]

---

21. La traducción del inglés de esta frase es la de la autora del libro. *(N. de la T.)*

4. Una petición cada vez.

Es mucho mejor invertir tu tiempo y tu energía en una sola petición solicitud a la vez hasta obtener el resultado a fin de movilizar plenamente la atención de tu subconsciente hacia el objetivo que se persigue. Cuando una persona dirige varias peticiones a un tiempo tiende a dispersar su energía y a retrasar el proceso de cada una de ellas. El unihipili separa difícilmente las cosas y colabora con mucha menos convicción.

5. El motor de tu convicción.

¿Qué es lo que impulsa tu deseo de cambiar? Sé honesto contigo mismo. El miedo al sufrimiento o a una tragedia, la culpabilidad, la decepción o la inseguridad puede crear quizás un movimiento aparentemente positivo, pero el cambio iniciado por lo que querías evitar será muy frágil. La energía negativa que impulsa tu voluntad de cambio debe trasformarse de antemano, tal y como verás en el siguiente apartado.

Un amigo acaba de enviarme la dirección de una página web, «Matin magique», que en su breve mensaje de hoy ilustra perfectamente este propósito: «Cuando algo nos tienta enormemente, nuestro primer reflejo es contemplar las consecuencias de un posible fracaso, la desilusión que sentiríamos si no tuviéramos éxito... Utilizamos el miedo para motivarnos a crear un movimiento, finalmente. Si no queremos perder peso, por ejemplo, reflexionamos sobre los kilos que cogeríamos si no hacemos suficiente ejercicio y comemos demasiado. Pensaríamos quizá en la culpabilidad que nos invadiría si no respetáramos nuestros planes. Si no, ¿cómo podríamos lograr nuestro objetivo?

»*Se puede tener todo.* Se puede tener éxito sin tener miedo al fracaso. Se puede cultivar la salud sin temer a la enfermedad. Se puede tener el peso deseado sin detestar la obesidad. Se puede ser prudente sin angustiarse por los accidentes. No solamente puede hacerse todo eso, sino que es la manera más fácil, la más saludable y la más mágica para llevarlo a cabo y contribuir a ello. Así es como hay que vivir, de hecho... Ninguna otra cosa puede realmente funcionar» (Charron, 2011).

Reconoce tu motivación profunda, mírala a la cara y prepárate a experimentar la trasformación para que se produzca un cambio en profundidad.

6. Los cambios de vibración.

En algunos casos, cuando el tema de tu solicitud es un reto para el que estás insuficientemente preparado, se impone un cambio de vibración. Tu aumakua se encargará de proponerte experiencias a tu medida a fin de liberarte de tus limitaciones y proporcionarte fuerzas mayores para el camino a seguir. Acógelas con valor y gratitud. Puedes recibir una invitación para trasformar un patrón de comportamiento establecido o para considerar una nueva dirección en tu vida. Estas ocasiones oportunas se te ofrecen a tiempo para vencer las resistencias que frenan tu progreso. En el capítulo 9 encontrarás pistas para llegar allí. Déjate guiar a pequeños o grandes pasos hacia lo que será el mejor camino para ti. Trasforma poco a poco tus pensamientos y creencias para que se manifieste el objetivo de tu petición.

Si la primera vez inicias el proceso de la petición con una petición muy sencilla, evitarás que expectativas demasiado grandes te desequilibren. Siempre tienes la oportunidad de graduar tu exploración para navegar fácilmente el trayecto de tu vida. Tú eres quien eliges tu ritmo de evolución.

7. La urgencia de una petición.

Nunca se puede exigir un tiempo concreto para obtener cualquier solicitud. Sin embargo, cuando su resultado está vinculado al factor tiempo, puedes darle «cuidados intensivos». Esto significa elaborar una impresionante cantidad de energía mana a fin de hacer surgir con fuerza las emociones e imágenes asociadas al resultado. Con intensidad, determinación y confianza, p-e-r-s-i-s-t-e hasta que se manifieste el resultado. Lo que puedes hacer para acelerar el proceso es poner más fe en el resultado, *elaborar aún más energía mana y llevarla a tu aumakua con mucha regularidad.* Esta movilización refuerza la colaboración entre tus planos de consciencia para llegar a alcanzar tu finalidad.

8. El nivel de dificultad.

Algunos logros son instantáneos, mientras que otros son graduales.

Puede tratarse de la envergadura de los aprendizajes que te preparas a realizar y del progreso de la limpieza de tus pensamientos relacionados con el resultado que buscas. En una misma persona, a veces el resultado puede darse con una rapidez impresionante y a veces estar un buen tiempo en incubación antes de manifestarse. Esto está directamente relacionado con tu trayectoria hacia el tema que se ha abordado.

Después de mi primera solicitud de sanación, resolví muy rápidamente y sin duda alguna la hipoglucemia y las numerosas alergias alimentarias que me limitaban, habiendo estado siguiendo durante un año las indicaciones de una naturópata a la que visitaba una vez por semana. Un mes más tarde, me di cuenta de que mi alergia a las avispas había desaparecido después de dejarme picar en tres lugares diferentes de mi cuerpo sin tener reacción alguna. No había necesitado mi EpiPen. En cuanto a los episodios de meningitis, creí que no volvería a recaer hasta que tuve un decimoquinto y último episodio tres días antes de acudir a una citación judicial llena de temores. Cedí debido a la fuerte presión de un tema de suma importancia para mí: la tutela de mi hija después de la separación. Tenía que experimentar el dejarla ir totalmente antes de la nueva convocatoria en el tribunal, prevista tres meses más tarde. Esta parte de mi curación necesitaba que hiciera mucha limpieza de Ho'oponopono. Yo prefería los rituales asociados a los eventos a los que limpian las relaciones entre las personas. Después de participar con mucha emoción en los juegos de rol propuestos, pude aceptar que si el alma de mi hija llegaba a realizar su aprendizaje mediante el contacto intenso con su padre adoptivo, los eventos me iniciarían en el desapego. Si, por el contrario, tenía el privilegio de acompañarla más de cerca a lo largo de su vida, es que todo estaba bien así. Así que activé intensamente la conexión con mi aumakua para integrar en mí el desapego y dejarla ir.

Contrariamente a los pronósticos relacionados con esta enfermedad, hace ahora más de quince años que me he librado de los sufrimientos de las meningitis recurrentes. Desde entonces, he realizado muchas otras peticiones a mi aumakua, y también las han hecho numerosas personas de mi entorno sobre diversos temas. Por mi parte, algunos han dado resultados positivos en unos pocos días, mientras que he tenido que invertir cerca de dos años para realizar un cambio que me supuso enfrentarme a unas resistencias muy ancladas en mí. Dependiendo de que un aspecto de tu petición aparezca como un desafío o no, puede ser que tarde más o menos tiempo para que se manifiesten los resultados esperados. Si te sientes impaciente, vuelve a tu texto y comprueba la envergadura de tu solicitud. ¿Hay otras personas involucradas? ¿Tiene varios aspectos o es una petición concreta? Como he mencionado anteriormente, no puedes fijar una fecha para la resolución de una petición; no puedes aplicar lo que se conoce como medidas de «urgencia».

La limpieza.
Presta atención gradualmente a las señales que recibes, limpia la red de comunicaciones de tu trío y realiza Ho'oponopono o las afirmaciones de perdón, si es necesario, explicaciones que encontrarás en los capítulos que siguen. Eres el mago de tu vida.

Tú eres el mago de tu vida. ¡Diviértete! En tus manos está cambiar de rumbo.

Cuarta Parte
La limpieza de los recuerdos

La trasformación que pones en marcha para tu petición implica en algunos casos una limpieza de pensamientos y de creencias organizados por tu subconsciente. Si está confuso debido a los traumas, se aferra a creencias obsoletas o atrae sufrimientos repetidos, debes concienciar a las formas de pensamientos que le impiden armonizar con el pensamiento divino que te inspira y te guía. Un pequeño viaje de exploración en profundidad te liberará del encadenamiento al pasado para construir ahora y a cada momento un presente que garantice un futuro mejor.

Capítulo 9
La programación de tu espíritu subconsciente

Las afirmaciones repetidas, evocaciones dirigidas al subconsciente

Para desarrollar nuevas creencias, lleva a cabo ciertos rituales de evocación. Las afirmaciones repetidas con regularidad atraen la atención de tu subconsciente, el cual las guarda en la memoria y da una importancia relativa al interés suscitado.

1. La voz.

Ya habíamos mencionado las estrategias susceptibles de aumentar el efecto de las afirmaciones, valorando que repetirlas con el pensamiento valía 1; decirlas en voz alta se estimaba un valor de 5; mientras que repetirlas cantando aumentaba su valor a 60. Sin detenerme en números, entiendo fácilmente esa amplificación. Cuando hablas contigo mismo, tu subconsciente te percibe desde dentro. Al expresarte en voz alta, tú te escuchas de dentro a fuera. En última instancia, con su musicalidad, el canto intensifica enormemente las emociones. Uno se da bien cuenta de ello cuando al evocar ciertos estribillos se produce en lo más profundo del ser ciertos estados anímicos que acentúan la sensibilidad. Los publicistas lo saben e introducen en sus anuncios unos estribillos imposibles de dejar de tararear. En el mismo orden de cosas, las diferentes religiones invitan a sus fieles ciertos cantos que los impregnan de recuerdos vinculados a sus creencias.

Todos hemos asistido a conciertos, ya sean religiosos o de música rock. En las celebraciones en grupo, cuando la energía es palpable, las canciones que se cantan conjuntamente adquieren gran fuerza dependiendo del número de participantes y de la intensidad de las emociones que se comparten. El efecto combinado de los miembros de un grupo que unen sus pensamientos en una misma expresión es extraordinario.

2. El gesto.

Al apoyar tus afirmaciones con gestos amplificas el resultado, ya que los rituales impresionan enormemente al subconsciente. ¿Quién no recuerda el estribillo de la canción de la YMCA (Asociación de Jóvenes Cristianos), por ejemplo? Cada vez son más los cantantes populares que introducen una coreografía en sus actuaciones.

También puedes hacer lo contrario e integrar las afirmaciones al movimiento. Así, por ejemplo, cuando yo voy esquiando por una pendiente estoy constantemente eligiendo, aprovecho para volver al momento presente con confianza, viviendo la creencia de que «cada momento me sirve de inspiración para tomar la decisión correcta». Es un poco como conducir por la carretera, es un recordatorio a la presencia. Uno no piensa en los cruces o en los desvíos que encontrará al cabo de cinco minutos. Sientes confianza y pones atención en lo que está sucediendo. Es el placer asociado a los deportes y a los viajes.

3. Las asociaciones espontáneas.

Todos los rituales que se repiten en tu vida pueden estar asociados a una programación. Tu vida diaria está sembrada de ellos: te darás cuenta si haces una lista de todas las actividades y de todos los gestos que marcan tu día a día. Piensa en asociar tus automatismos con un pensamiento positivo. *De ese modo activarás tu consciencia haciendo que esté presente en todo lo que haces.* La calidad de tu presencia abre el camino de conexión con tu Ser divino.

Combinando la intención con la acción, pones el subconsciente a trabajar, pues las analogías hablan con claridad a los niños. Lo que garantiza el éxito de tu solicitud cerca de tu pequeño *uni* es el hecho de que *cada asociación tiene realmente un significado para ti.*

Los hawaianos, como isleños que son, con frecuencia introducen el agua en sus rituales. El doctor Hew Len comparte en sus conferencias los que emplean con más frecuencia. Te aporto aquí algunas asociaciones que pueden despertar tu creatividad a partir de acciones que posiblemente son recurrentes en tu vida. Así tendrás un punto de partida para estimular la imaginación de tu unihipili. Adáptalos, enriquécelos con tus propias experiencias y permite simplemente que la magia funcione:

- me despierto = *abro mi consciencia;*
- me lavo = *limpio mis pensamientos;*
- me miro en el espejo = *aprecio y acojo lo que soy;*
- pongo la mesa = *me preparo a recibir buenas energías;*
- como = *alimento de modo divino mis pensamientos;*
- camino = *avanzo alegremente por la vida;*
- miro el cielo = *percibo las ilimitadas posibilidades que tengo;*
- conduzco por la carretera = *estoy bien encaminada, sigo la mejor ruta posible;*
- abro una puerta = *me abro a nuevas perspectivas;*
- me subo a una escalera, a una pendiente = *elevo mi consciencia;*
- hago una trasacción = *la abundancia fluye en mi vida;*
- hablo = *la inspiración guía mis relaciones;*
- me entreno = *desarrollo todo mi potencial;*
- cuido = *conservo lo que me es confiado con amor;*
- escojo = *reconozco lo que es lo mejor y elijo la mejor opción;*

- bailo, festejo = *celebro la alegría de vivir;*
- sonrío = *sonrío a la vida con agradecimiento;*
- descanso, hago vacaciones = *cuido de mí mismo placenteramente;*
- ventilo la casa = *limpio el flujo de energía que circula en mi vida;*
- etcétera.

Cada vez que asocias una afirmación positiva a una acción cotidiana, entrenas a tu subconsciente a que establezca esa asociación, y, con el tiempo, el gesto en sí corresponderá a una programación. De ese modo, tu subconsciente participa constantemente en tus objetivos. También puedes intensificar tus pensamientos con una canción con la que tararees el pensamiento. Con todos estos pequeños trucos, dejarás que surjan otras fuerzas, sin esfuerzo.

4. Los objetos.
Los objetos intensifican los mensajes. Un soporte de esta naturaleza puede ser significativo para una persona, pero no para otras. Hay quien reconoce el poder de las piedras y de los cristales, hay quien se siente atraído por la música, mientras que otros se concentran contemplando una llama. Si así lo sientes, toma únicamente aquello que te inspire para iniciar tus propios rituales sin estar pendiente de objetos para llevarlos a cabo. No disponer de ellos *no debe limitarte nunca,* pues la evocación intensa de un objeto tiene el mismo objeto en tu subconsciente. Si le dices que ves el objeto, que lo tocas, que lo sientes, él te creerá. Recuerda la descripción de lo que es el subconsciente, la octava maravilla, la que estipula que el subconsciente con frecuencia confunde lo real con lo imaginario. ¡Tan sólo tienes que desarrollar tus cualidades de mimo!

5. La coherencia.
Eres sensible a todo lo que queda impreso en tu memoria. Te invito a que aumentes tu consciencia a cada instante. La vigilancia se desarrolla con el tiempo y con el retorno de las experiencias de anteriores

resultados. Asegúrate de elegir bien, de que con todos los pensamientos y las palabras que emitas, así como los pequeños gestos que hagas, sostengas el espíritu de tus afirmaciones. Ésa es una condición *sine qua non.*

6. El momento adecuado.

Todos los momentos para repetir afirmaciones son buenos momentos. Sin embargo, hay situaciones que son más favorables que otras. Deepak Chopra, en *El libro de los secretos,* nos invita a apreciar el amanecer para dar vida a tu jornada. La esencia de esta práctica en la vida monástica oriental es «reunirse con el día antes de que comience... Los monjes que meditan y la gente que reza desean unir su consciencia a ese momento crucial, como el que está presente en el momento del nacimiento de un bebé». Es un buen momento del día para impregnar el subconsciente de los mensajes que deseas darle, pues está emergiendo del sueño y está con ondas alfa, las ondas de programación. Más adelante, encontrarás sugerencias de programaciones cotidianas a la hora del alba que te ayudarán a enriquecerte según tu inspiración.

Antes de irte a acostar, las respiraciones Ha te llevarán a un estado vibracional también muy propicio para la programación. Justo antes de dormir, mientras pasas de la vigilia al sueño, estás en modo alfa. Tu consciencia se prepara para dormir, mientras que tu subconsciente estará activo toda la noche. Aprovecha ese momento de transición para guiarlo con tus afirmaciones. Deja que fluyan las afirmaciones a modo de mantras para intensificar tan sólo lo que es positivo. Dormirás tranquilamente sabiendo que tu pensamiento está a punto de acoger una nueva realidad positiva. ¿Has notado ya que los pensamientos que ocupaban tu mente al irte a la cama se reactivan en tus sueños, que influyen la calidad de éstos?

Sin dedicar un tiempo concreto, puedes mantener asimismo un diálogo interior con tu subconsciente mientras que vas en coche, mientras realizas una tarea rutinaria, mientras haces ejercicio o incluso aprovechando todos los momentos de espera ¡por cortos que éstos sean!

7. La energía.

Las afirmaciones movilizan la atención de tu subconsciente, el unihipili, su objetivo es establecer una programación a su nivel. Pueden amplificarse mediante una aportación de energía mana de dos maneras. Si la afirmación es corta, puedes repetirla mentalmente durante algunos ciclos respiratorios con la emisión de la respiración Ha al universo. Cuando el texto de las afirmaciones es más largo, anunciar a tu unihipili que la energía mana que vas a crear servirá de apoyo las afirmaciones que tendrán lugar. Si estás sentado frente al volante del coche y la conducción requiere toda tu atención, aprovecha para cantar tus afirmaciones intensificando tus emociones. Sabrás cómo adoptar el enfoque a las condiciones que se te presentan.

8. La formulación.

Ten en cuenta que la *formulación siempre se expresa en términos positivos.* Piensa en evocar palabras que tú hayas elegido. ¿Un término te lleva a emocionarte o a pensar en sentido opuesto? ¿Tiene para ti un sentido restrictivo o aún más amplio? ¿Es lo suficientemente potente para impresionar a tu subconsciente? Yo personalmente uso la palabra Dios, o divino, no por su connotación religiosa, sino por la fuerza que siento usándola. Es una buena manera de guiar al subconsciente hacia la vibración más elevada posible. Te sugiero que adaptes los conceptos que no se correspondan del todo con tus creencias para que puedas ser coherente con tu realidad.

A veces, puede suceder que al acoger una reacción o una emoción difícil, desees que se disuelva suavemente para hacer surgir el lado más luminoso vinculado a ella. Cuando, por ejemplo, te sientes invadido por los juicios y las críticas, intensifica la energía del amor, pues es la falta de amor lo que genera esa energía pesada. Si tienes problemas para dejarla pasar, *haz unas cuantas respiraciones* vinculadas a la presencia y la confianza. Para liberarte del control y de la manipulación, explora las vibraciones asociadas al respeto y la confianza. Si por el contrario son los problemas los que invaden completamente tu espíritu, acógelos y anota todo lo que sucede, sin filtrar nada. Tienes la materia prima que solicita ser trasformada por medio de los procedimientos anteriormente mencionados. El hecho de escribir es liberador y marca las pautas que nos invitan a evolucionar. Sin embargo, hay veces en las que se presentan unas situaciones con una carga emocional de enormes proporciones. Cuando eso me sucede, abro los brazos, siento su peso, pues la sostengo en alto, y pienso: «Me confío enteramente a mi Ser divino, inspírame, guíame». Lo hago porque estoy preparada para dejar caer mi resistencia para estar a la escucha, porque estoy preparada para hacer el esfuerzo de salir de mis guiones repetitivos a fin de liberarme.

Evita sabiamente la confusión producida por una afirmación que va al encuentro de una situación manifiesta. Si por ejemplo tu cuerpo físico está enfermo, no puedes afirmar: «Estoy sano» sin que se cree cierta ambigüedad; es preferible afirmar con convicción, sintiendo toda tu fuerza: «Día a día, mi salud está mejorando» Asimismo, puedes activar los chakras que corresponden al órgano que deseas reequilibrar.

Conjugar los verbos *en presente* te hará recordar que desde el momento en el que emprendes una nueva programación, se inicia un cambio de dirección siempre que *mantengas tu pensamiento en el nuevo rumbo, repitiendo la afirmación.* Dependiendo de la magnitud del cambio de pensamiento, uno puede compararse con una barquita o con un trasatlántico.

9. Ejemplos de afirmaciones.

Aquí tienes algunos ejemplos de afirmaciones. Es posible que algunas de ellas sean previas a otras. Sondea tus pensamientos recurrentes para adaptar tus intervenciones en el orden que corresponda a la situación. Selecciona la parte del texto que mejor se adapte a tu búsqueda de equilibrio y añádele tu toque personal pensando bien el efecto de las palabras que utilizas, pues cada una tiene su propia frecuencia vibratoria. También puedes tomar prestado algún escrito para iniciar después una petición… personalizada.

* *Acogida.*
Me acojo con amor y ternura. Plenamente consciente de mi naturaleza divina, me prodigo todos los cuidados que contribuyen a honrar mi cuerpo, a darme alegría de vivir y a realizarme. ¡Gracias!

* *Felicidad.*
«El orden divino se hace cargo de mi vida, hoy y todos los días de mi vida. Todo contribuye a mi bienestar. Hoy es para mí un día nuevo y maravilloso. Estoy siendo guiada durante todo el día y todo lo que hago prospera. El amor divino me rodea, me envuelve, crezco y avanzo en paz.

»Cada vez que mi atención se aparta de lo que es bueno y constructivo, vuelvo espontáneamente a la contemplación de lo que es bello y bueno. Soy un imán espiritual y mental que atrae hacía sí todas las cosas que le suponen bendiciones y fuentes de prosperidad. Hoy consigo maravillosamente bien todo lo que me propongo. Disfruto a cada instante de armonía, paz y salud. ¡Gracias!» (Adaptación de *La puissance de votre subconsciente,* de Joseph Murphy, capítulo «Le subconsciente eet votre bonheur», p. 73).

* *Profesión.*
«Mi actitud hacia el trabajo me aporta equilibrio. La orientación de mi elección es cada vez más clara, pues hago caso a mi intuición para que me conduzca a la plena realización. Acojo con total confianza todas las propuestas para desarrollarme que se me ofrecen. Reconozco lo que es bueno para mí y aporto mi contribución con entusiasmo. Me siento completa y en mi lugar. Me siento satisfecha y cumplo con todos los trabajos que elijo. ¡Gracias!».

* *Confianza.*
«Protegida, guiada e inspirada por mi supraconsciente, avanzo confiadamente por mi camino en la vida. Reconozco intuitivamente los signos y las fuentes que jalonan mi ruta. Me abandono a cada instante a la fuerza divina que hay en mí, confiada y convencida de que elijo lo mejor. Elijo abiertamente las experiencias que se me presentan. Sintiendo que estoy protegido a cada momento, gozo de una profunda serenidad. La confianza inquebrantable que me anima, me abre las puertas a unas realizaciones extraordinarias. ¡Gracias!».

* *Duelo (persona, situación, trabajo, etc.).*
«Acojo aquello que se produce y ajusto en lo divino mi pensamiento al cambio que se me propone. Percibo esta experiencia como una oferta de crecimiento y aprecio cada vez más la posibilidad de trasformarme. Descubro y asimilo nuevas maneras de lograr mi equilibrio. El amor real que hay en mí se expande y favorece mi resurgir a una nueva forma de vivir. ¡Gracias!».

* *La elevación a través de las experiencias.*
«Determinada a salir de mis viejos esquemas, a vivir cada experiencia que se me presente, trasformo mi mirada para tomar perspectiva y ampliar mi visión. Atenta a mi intuición, reconozco con claridad y discernimiento las lecciones que aprendo. Acojo todas las oportunidades propicias para asumir mi aprendizaje, encuentro un auténtico placer en superar las pruebas que la vida me manda. ¡Qué magníficas ocasiones para desarrollar mis fuerzas! Mi actitud me aporta paz, sigo serenamente el camino que me guía a la elevación de la consciencia. ¡Gracias!».

* *Energía positiva.*
«Con consciencia, estoy cada vez más activa para generar energía positiva, la cual hago que fluya en abundancia en mi vida y mi entorno. Invierto fuerzas en la trasformación positiva de mis pensa-

mientos, de mis creencias y de mi comportamiento. Me inspira expresarme fluidamente y liberar pensamientos. Hoy y todos los días, soy un excelente canal de energía para ayudarme a mí misma y a que los demás se autoayuden, mantengo en equilibrio perfecto toda mi energía vital. ¡Gracias!».

* *Hijos.*
«Acompaño con amor a ____________________ (nombre), el cual me ha sido confiado, guiándole e inspirándole lo mejor que hay en mí. Reconozco con respeto que él debe vivir sus propias experiencias y desarrollar, a su ritmo, sus propias fuerzas; le pongo en contacto con sus recursos más potentes, confiando plenamente en él. Despierto su consciencia y le guío a fin de que reconozca los retos que su alma elige. Le ayudo principalmente para mi propia trasformación interior y le reconozco con gratitud como mi espejo. ¡Gracias!».

* *Despertar de la consciencia.*
«Hoy y todos los días, sano mi canal energético para abrirme a la inspiración. A cada instante, con amor y confianza, elijo libremente a Dios, únicamente a Dios (esta fuente u otra). En todo momento, capto, comprendo y asumo los mensajes del despertar de mi alma, ajustando constantemente mis pensamientos, mis creencias, mi actitudes, mis palabras y mis decisiones. Elevo mi consciencia para trascender las experiencias de la vida y abrirme a nuevas perspectivas. ¡Gracias!».

* *Perdón (puede completar el Ho'oponopono entre personas).*
Repite esta afirmación tres veces visualizando ante ti la persona y el cordón aka que os une. Después, limpia mentalmente la energía de ese cordón.

«____________________ (nombre de la persona), yo me libro al amor para nuestro mayor bien. Me perdono. Te agradezco que me hayas despertado. Ahora estamos los dos libres. ¡Gracias!».

* *Plan de vida.*

«Hoy y todos los días, celebro la vida dando la bienvenida a mis proyectos con total confianza. Llena de gratitud, reconozco el aspecto iluminador de cualquier experiencia, de cualquier persona, de la creación entera y de cualquier lugar. Trasformando lúcidamente mi visión, movilizo con entusiasmo mi energía y mis potenciales para integrar en mí las lecciones de la vida que planifico, en connivencia con mi alma. Con determinación, supero las pruebas que se me presentan. Ayudo a crear un mundo mejor en el que juego mi papel con total entrega. A cada instante, establezco en mí la paz, la armonía y el amor y reconozco de manera entusiasta sus efectos en mi entorno. Aprovecho todas las oportunidades que se me presentan para elevarme y contribuir también al progreso del planeta. ¡Gracias!».

* *Peso.*

«Acojo completamente la experiencia que se me presenta a través de mi relación con los alimentos. Disfruto consumiendo la cantidad adecuada de alimentos que nutren y equilibran mi cuerpo con el fin de que llegue a tener el peso más saludable para mí. Me amo lo suficiente para integrar en mi vida los hábitos más sanos, por respeto a mi cuerpo físico al cual le otorgo un gran valor. Mis pensamientos y mis decisiones contribuyen a mejorar día a día mi silueta. ¡Gracias!».

* *Poder.*

«Apreciando las experiencias que atraigo para evolucionar, desarrollo a cada instante la plena consciencia de mi poder. Ejerzo la *opción de elegir mis reacciones* con constancia y atención a fin de aumentar mi energía y liberarme. Establezco con perseverancia una gran complicidad con mi subconsciente para que ajuste de manera equilibrada sus emociones y sus creencias. Atenta a la inspiración, me propongo trasformar positivamente mis actitudes y mis palabras. ¡Gracias!».

* *Presencia.*
«Concentro toda mi atención en el momento presente. Me libro totalmente del tiempo. Saboreo cada instante con gratitud, independientemente del resultado de los acontecimientos. Este estado de consciencia me aporta plenitud y manifiesta el contacto con mi alma. Doy la bienvenida a la perfección de este espacio que me prepara a aquello que sucederá. ¡Gracias!».

* *Prosperidad.*
«Con la abundancia de los nobles sentimientos que habitan en mí, elevo mis vibraciones y activo mi poder de atracción para crearme una vida próspera, saludable y plena. Agradezco todos los regalos y todo el dinero que circula en mi vida; contribuyo a que circulen abundantemente y con conocimiento de causa manejándolos con desapego y sabiduría. ¡Que constituya una fuente de paz, armonía y plenitud! ¡Gracias!».

* *Respeto.*
En todo momento y en todo lugar siento un profundo respeto por todo lo que acontece. Reconozco con claridad mi rol e intervengo sobre todo en lo que me pertenece, consciente de que todo está donde está para favorecer el desarrollo de cada forma de vida. Dado que sé que el espíritu supremo aporta en mi vida lo que es mejor para mí, me entrego a ese espíritu para aportar la orientación y los cuidados que sean más adecuados en cada circunstancia. ¡Gracias!».

* *Salud.*
«Me dirijo a mi cuerpo: "Te amo y te honro por la mirada benevolente que te dirijo. Te aprecio asimismo por todo el bienestar y oportunidades que me ofreces. Libérate de nuestros pensamientos, de nuestras creencias y de nuestros comportamientos limitadores y restablece nuestro molde perfecto. Creo en nuestras propias fuerzas de curación y las pongo en marcha con placer y entusiasmo, aportándote buenos

cuidados y una atención amorosa. Me merezco generar en mí una salud cada vez más radiante. Con gran determinación, emprendo el camino de la recuperación. Con entusiasmo, siento ya sus efectos. ¡Gracias! Celebro la vida y el amor que me inspira. ¡Gracias!"».

* *Unidad.*
«Tengo presente la esencia divina que habita siempre en mi interior. Me pide constantemente surgir para ampliar mi perspectiva y ofrecerme paz. Llego a la liberación limpiando mis pensamientos. Cuando surge una emoción que debe limpiarse y trasformarse, la reconozco y me abro a la inspiración divina. Con gratitud, aprecio cada pensamiento que llega y sigo el camino que me libera. El proceso se activa cada vez más a medida que acepto lo que tengo que cambiar. Me regenero y encuentro todo mi potencial cuando me dejo invadir por la fuerza creadora. Tras emplear todos mis planos de consciencia en una misma dirección, siento la unidad: percibo mis experiencias con total serenidad. Estos regalos que me hacen crecer me conducen al camino más adecuado para mí. Gracias».

Cada vez que realizas estas afirmaciones, estás pidiendo la colaboración de su subconsciente y estableces con él una complicidad sólida y gratificadora. Tú estableces las bases de esa colaboración. Tu unihipili va comprendiendo gradualmente la importancia que le das al cambio y él desea sobre todo complacerte. Agradécele calurosamente su colaboración, ya sea de forma manifiesta o latente. Él no se cansa nunca de recibir tu aprecio, lo que le incita a volver a darte placer.

Los sentimientos y el espíritu elevado

Los sentimientos nobles y elevados ejercen un gran atractivo sobre todos nosotros. ¿Quién no querría despertarse una mañana bañado en estas altas vibraciones? Pero seamos realistas, eso no es más que el resultado de una trayectoria. ¿Estás listo para emprenderla?

1. La armonización de los chakras.

¿Y si empezaras cada mañana armonizando tus chakras? Cada uno de ellos corresponde no sólo a las funciones físicas de tu cuerpo, sino también a los estados del espíritu. Céntrate en ti mismo y en tu respiración e imprégnate de la energía que los caracteriza.

- «Activo mi chakra raíz con una potente luz *roja.* Me enraízo profundamente en él, solidifico mi base y desarrollo mis *fuerzas* con vigor y ligereza, pero bien encarnado en mi cuerpo físico. ¡Gracias!».
- «Vierto una vivificante luz *naranja* sobre mi chakra sacro y siembro *dicha,* entusiasmo, humor, alegría y creatividad. Celebro la vida y disfruto de lo que me ofrece. Me uno al placer en lo divino. Me siento feliz de *vivir* con intensidad y consciencia. ¡Gracias!».
- «Difundo una dulce luz *amarilla* en mi chakra del plexo solar y consigo un clima de paz, tranquilidad, armonía, bienestar, *serenidad* y plenitud. Me entrego confiadamente a mi Ser divino, y saboreo cada momento presente como el más grande de los regalos. ¡Gracias!».
- «Una armoniosa luz *verde de amor incondicional* vibra en mi chakra del corazón. Siento intensamente el amor, el perdón y la compasión. Bendigo la vida, mis experiencias, la gente que conozco, los lugares en los que me muevo, todo aquello que ha estado y estará impregnado de mí. Aprovecho con gratitud todas las oportunidades para expresar y difundir el amor. ¡Gracias!».
- «Intensifico la luz *azul cielo* en mi chakra de la garganta para sanear de manera divina mis *comunicaciones.* Construyo y mantengo mis relaciones personales sobre una base de la trasparencia, franqueza y autenticidad. Soy un espíritu libre y positivo que se inspira en el lenguaje del corazón. Escucho a los demás sin dejar de afirmarme con naturalidad y respeto. ¡Gracias!».
- «Activo mi chakra del tercer ojo con una fuerte luz *amatista* intensificando la *claridad* de mi percepción. Acojo las invitaciones

a trasformarme. Amplío mi visión, capto, discierno y traduzco los mensajes que me envía mi Ser supremo. Imbuida de una gran lucidez, dejo con gratitud que actúe la inspiración. ¡Gracias!».

- «Una brillante luz *blanca* irradia mi chakra de la coronilla. Aspiro a elevarme. Me integro en la *unidad.* Una comunión perfecta entre mis planos de consciencia y la Fuente me abre el camino de la sabiduría interior. ¡Gracias!».
- Me baño en la luz pura activando el desarrollo de mi consciencia crística. Estoy disponible, dejo surgir esta poderosa según la voluntad divina. ¡Gracias!».

2. El procedimiento.

En cada uno de los retos a los que te enfrentas, sabes intuitivamente qué estado anímico te sostendrá. Cuando estés realmente dispuesto a explorar todas las facetas de un sentimiento elevado ¡respíralo! Es muy sencillo. Haz unas amplias respiraciones Ha inspirando profundamente la energía buscada y agradeciendo la trasformación que tiene lugar en ti. Después, observa los acontecimientos que tienen lugar durante las horas y los días siguientes. Experimentarás cómo se manifiesta la elevación de tus vibraciones. A veces, la vida te ofrecerá experiencias que te permitirán ser consciente de tus progresos. Cuando se te plantee un desafío, podrás observar por ti mismo el camino que has recorrido. Cuando respiras una virtud, un estado de consciencia que deseas integrar, la rapidez y la permanencia de los resultados avalan tu trasformación.

3. Las pistas.

Aquí tienes una selección de las palabras vinculadas a una amplia gama de sentimientos y virtudes elevados. Una de esas manifestaciones positivas experimentan posiblemente la energía que deseas integrar en ti. Déjate guiar por tu supraconsciente y da prioridad a una o dos vibraciones significativas en la etapa que atraviesas. Cuando tu objetivo es claro, tú te sitúas para medir su efecto. Respirando regularmente la vibración de la palabra, o también cantándola, te impregnas de ella. *Visualiza la durabilidad del sentimiento que habita en ti. Es crucial para tu elevación.* Una vez que vibras en esa energía elevada, has de saber que la consciencia planetaria está un poco más impregnada en ella.

* Fuerza-Energía-Apoyo-Estructura-Ligereza-Protección-Estabilidad-Autonomía-Enraizamiento-Equilibrio-Ponderación-Dinamismo-Valor-Audacia-Entusiasmo-Vigor-Motivación-Voluntad-Disciplina-Iniciativa-Ambición-Poder-Compromiso-Acción-Perseverancia-Eficacia-Tenacidad.
* Creatividad-Fantasía-Imaginación-Inspiración-Vitalidad-Vivacidad-Curiosidad-Entusiasmo-Jovialidad-Dinamismo-Optimismo-Alegría-Júbilo-Animosidad-Espontaneidad-Inocencia-Regocijo-Celebración-Placer-Risa-Humor-Simplicidad.
* Serenidad-Felicidad-Florecimiento-Confianza-Paciencia-Quietud-Calma-Paz-Relajación-Armonía-Integración-Bienestar-Plenitud-Complacido-Presencia-Apaciguamiento-Esperanza-Fe-Desprendimiento.
* Amor-Fraternidad-Amistad-Fidelidad-Colaboración-Altruismo-Afecto-Estima-Benevolencia-Acogimiento-Reconciliación-Perdón-Indulgencia-Tolerancia-Compasión-Estímulo-Confort-Devoción-Implicación-Reciprocidad-Equidad-Generosidad-Libertad-Implicación-Sensibilidad-Ternura-Dulzura-Gratitud-Aprecio-Reconocimiento.
* Reencuentro-Comunicación-Diálogo-Receptividad-Escucha-Expresión-Diplomacia-Tacto-Respeto-Discreción-Atención-Honestidad-Autenticidad-Justicia-Integridad-Sinceridad-Moralidad-Franqueza-Elocuencia-Afirmación-Veracidad-Lealtad.
* Claridad-Fluidez-Lucidez-Percepción-Atracción-Intuición-Visión-Iluminación-Concentración-Interiorización-Inspiración-Discernimiento-Vigilancia-Revelación-Comprensión-Sincronicidad-Apertura.

* Trasformación-Liberación-Renacimiento-Desprendimiento-Alineación-Curación-Madurez-Integración-Sabiduría-Cumplimiento-Expansión-Enriquecimiento-Prosperidad-Abundancia-Difusión-Humildad-Nobleza-Unidad-Gracia-Esencia-Elevación-Trascendencia-Felicidad.

¿Qué sentido tiene esta lista de palabras? Mi objetivo es simplemente que estas palabras sirvan de inspiración. He comprobado que la gente busca siempre la palabra que más adecuadamente se avenga al resultado que busca. De modo que éste es un punto de partida para clarificar el pensamiento. Podrás asimismo comparar entre sí los términos más cercanos y retener los que más te convengan para realizar una respiración, una afirmación o incluso una petición.

¡ATENCIÓN!

Tus recuerdos te aportarán una percepción filtrada de tu experiencia. La evocación de una misma palabra atrae reacciones muy diferentes, depende de la experiencia emocional de cada individuo. Un mismo concepto puede llevar a un sentimiento positivo o negativo según lo que cada uno haya investigado. Así, por ejemplo, la búsqueda de la perfección puede presentarse como una cualidad o como una trampa, atendiendo a todo tipo de motivos que guían tus acciones. Cuando quieras desarrollar un aspecto de tu personalidad, ten siempre en mente el concepto de equilibrio. Tu sabiduría interior evitará los excesos.

La respiración Ha de la vibración, unida a un sentimiento elevado, te llevará a percibir mejor los retos que te propone tu alma. Te has encarnado en un mundo físico a fin de trasformarte a la luz de las experiencias que tú mismo has atraído. Tus puntos débiles son el punto de partida para desarrollar tu potencial. *Dales la bienvenida para guiar estas energías con intensidad en su la polaridad opuesta.* Los contrarios reflejan la dualidad, las fuerzas opuestas. Tú tienes el poder y también la responsabilidad de revertir tu energía. Cuando sientes una emoción que te consume, identifica la emoción contraria en la lista anterior y respira su vertiente positiva. En el plano de tu divinidad, estás hecho de luz pura; imprégnate de esa energía vigorizante para elegir tus pensamientos y las reacciones. Ése es el camino que conduce a la apertura de la consciencia, la tuya y la del planeta, ya que todos los seres humanos estamos unidos por un mismo vínculo.

Acompasado con el movimiento continuo de la vida, podrás acoger tanto los *ciclos de duelo como los de renacimiento.* A lo largo de tu trasformación, pasarás inexorablemente por el duelo de viejos patrones falsamente tranquilizadores antes de sentir en ti las vibraciones que te aligerarán. *El índice de tu progreso reflejará en la rapidez con que, en cada ocasión, emerges de la sombra.* La consciencia cada vez más agudizada de tus reacciones frente a las experiencias de la vida te llevará a utilizar más rápidamente tu intuición para orientarte.

¡TEN CUIDADO!

Cualquier cosa externa que te trastorne (acontecimientos, situaciones, personas) no es más que una manifestación en consonancia con tu desequilibrio interno. Se trata de una invitación al cambio, a la trasformación. Annie Marquier, en su libro *La liberté d'etre,* lo ilustra de manera muy interesante con su analogía del dedo acusador. Observa la posición de tus dedos cuando señalas hacia un culpable. Cada vez que señalas a alguien con el dedo índice, los otros tres dedos te señalan a ti, indicándote que tú eres el verdadero origen del problema.

«La forma en que percibimos a los demás nos da más información sobre el contenido de nuestro inconsciente que sobre lo que son» (Marquier, 1998, p. 107).

El simple reconocimiento de tus reacciones frente a las personas y los acontecimientos que provocan un desequilibrio en tu energía te permitirá iniciar el proceso de trasformación. Pasa inmediatamente a la acción para intervenir sobre ti mismo. Esas respiraciones forman parte de tu proceso de curación y las buenas ocasiones de limpieza te serán servidas en bandeja. Invierte en ti mismo para poder liberarte de la dualidad entre las fuerzas de abajo y las de arriba. ¡La recompensa es magnífica!

Puede ser la oportunidad que necesitas para realizar una limpieza final. Sentirás la necesidad de respirar un tipo de vibración que creías tener totalmente integrada en el pasado. Acoge ese pequeño recordatorio para acoger una virtud en un nuevo contexto de experimentación. Lo mismo sucede con ciertas fuerzas consideradas innatas. La trasformación se hace por capas, a medida que uno va acogiendo las posibilidades de progresar.

Cuando una lección de vida de la que sólo tú eres responsable se completa, tu energía se trasmutará. La dinámica de tu vida tomará un nuevo giro, tú te realizarás. Al cambiar de frecuencia, experimentarás la expansión. Los altos niveles de energía favorecerán tu poder creativo.

4. Un ejemplo.

Me ha sorprendido centrarme en la verdad, en respirar con determinación, en saber a qué atenerme con respecto a los demás, ¡los otros, siempre los otros!

Resulta que la vida me ha puesto en situaciones que me han obligado a dejar mis ilusiones, a dejar de mentirme a mí misma, a dejar de contarme historias, a retirar el filtro de rosa intenso que me tranquilizaba. Me gustaba creer que todo iba bien para evitar decir la verdad y expresar lo que realmente sentía, miedo a ser perturbada por la luz.

Pues bien, el universo me ha colocado en una posición en la que no es posible utilizar ningún mecanismo de huida. Yo, que en mi vida privada solía retirarme para hacer el menor ruido posible, he tenido que salir de mis patrones de comportamiento. No se trata de comprar la paz. Tras acoger y experimentar mi rabia sin ofender a nadie, ya que se trataba de mi propia *rabia,* tuve que hacer un balance, reafirmarme, expresar mis puntos de vista y comunicar a los demás lo que sentía dejándoles un espacio para reaccionar. Cada vez que reaccionaba así con la gente más próxima, tenía la impresión de que si hablaba todo se vendría abajo. Según mis creencias más profundas, hablar me suponía enfrentarme a grandes riesgos, pero a fuerza de audacia, aprendí poco a poco a expresar mi verdad con autenticidad. La inspiración Ha de la *verdad* durante unos cuantos días me llevó a superar los miedos.

Al principio, la confusión de los mensajes que me perturbaban no eran más que el reflejo de mi propia confusión. Ahora experimento las ventajas de decir con toda franqueza lo que siento. Esta invitación a la liberación, llevada a cabo por mi necesidad de verdad, me la inspiró mi aumakua. Fue ella la que creó inquietantes circunstancias sobre la verdad para que me trasformara en aquello que ocultaba. Los otros jugaron maravillosamente bien su papel de provocadores.

Respirando un estado de consciencia elevado, experimentarás esta energía en un contexto determinado en el que tendrás la ocasión de ampliar tu perspectiva. En un nuevo contexto puedes seguir teniendo la necesidad de aumentar la misma vibración. Tus experiencias anteriores te harán ver cada vez más claramente el tipo de prueba que la vida te envía, y te verás más inclinado a respirar esta energía al recordar todos los beneficios de los que te habías privado.

Últimamente, he descubierto otros patrones que tenía que trasformar en relación a la verdad. Vencí una reacción física de intoxicación muy debilitante, fue inmediatamente después de ingerir un «veneno verbal», la consecuencia de contemplar una reacción violenta. De regreso a mi antiguo patrón, soporté la situación sin decir una palabra. ¡Y sí! La vida siempre nos envía pruebas para medir nuestras fuerzas. El resultado de mi contención, experimentada en mi cuerpo, me perturbó hasta el punto de provocar en mí un nuevo despertar de la consciencia. La ira que absorbí fue el inapreciable regalo que recibí para concienciarme del sufrimiento y pasar a la acción. La acción, en este caso, era la de expresar mi verdad con respeto. Si simplemente te dejas guiar por la búsqueda de la liberación, reconocerás las hermosas oportunidades de trasformación que te ofrece la vida a modo de regalos maravillosos.

Tienes el poder de recurrir en cualquier momento, por ti mismo, a las vibraciones más elevadas, intensificando los nobles y elevados por medio de la respiración consciente.

¡Qué privilegio tener las herramientas apropiadas para encaminarse a la plena consciencia!

La desprogramación y la reprogramación

Con la experiencia, observarás que ciertas afirmaciones parecen condenadas al fracaso mientras que otras te aportan un éxito rápido inmediato. Puesto que sabemos que nuestras creencias más enraizadas se manifiestan espontáneamente a través de nuestras acciones, el problema radica en aquellas viejas programaciones fuertemente implantadas. Examina tus pensamientos más profundos, aquellos que te han conducido con frecuencia a tu conocimiento. ¿Crees verdaderamente en lo que quieres? ¿No buscas simplemente convencerte y creer en aquello que afirmas? Sé honesto contigo mismo. Para que se produzca un cambio, la cabeza debe seguir al corazón. Tienes que creer para ponerte en marcha.

1. Las creencias.

Las creencias verdaderas son las que te hacen actuar espontáneamente. Movilizan de manera espontánea todos sus recursos.

«La fe sin obras no vale nada». Tus actos demuestran que tu creencia está presente, la trasforman en experiencia y la experiencia la fortalece. Una creencia que se confirma atrayendo otras nuevas, siempre más fuertes» (Liekens, 1995, p. 212).

Observando las clases de experiencias que se repiten incesantemente en tu vida, podrás identificar tus creencias. En esta etapa de tu evolución, puede ser que rehúses alguna de ellas. Como tienen raíces profundas hay que cavar bastante. ¿Cómo liberarlas?

He aquí cómo actúo yo para ayudar a las personas cuyo subconsciente se aferra a creencias dañinas y se resiste firmemente al cambio propuesto. Dependiendo de la magnitud de aquello de lo que quieres deshacerte, es un ejercicio que puedes probar a realizar por ti mismo. De no ser así, hay excelentes terapeutas que pueden acompañarte en ello.

Para ilustrar el proceso, hablaré de un caso concreto, el de Sophie, la cual era dueña de una pequeña empresa y deseaba enormemente prosperar. Le encantaba tener su propio negocio. Comprometida desde hacía muchos años con un camino, vivía de manera entusiasta los logros experimentados en diversos aspectos de su vida, a excepción del tema del dinero. Con disciplina y perseverancia, repetía afirmaciones sobre el dinero sin llegar a obtener resultados significativos. Ella siempre se las arreglaba para llegar a fin de mes, pero nunca tenía la oportunidad de disfrutar de un pequeño superávit gratificante. Sophie atraía un montón de sentimientos nobles, numerosos momentos especiales, abundancia de muchas formas, pero en su vida, el dinero circulaba tímidamente.

2. El proceso con ejemplos.

La desprogramación y reprogramación consisten en modificar los pensamientos que uno deja circular en relación a un tema determinado. Inspirándome en Paul Liekens, un especialista en programación neurolingüística, iniciado en la sabiduría de los kahunas hawaianos, los pasos siguientes me parecen importantes.

1. Determina las creencias de las quieres liberarte para llegar al objetivo que persigues.
2. Estudia la conveniencia de los mismos a ojos de tu subconsciente. ¿Qué ventajas supone mantenerlos?
3. Considera otras formas de responder positivamente a lo que él quiere.

4. Después, activando tu imaginación, examina otras creencias que las sustituyan, que puedan satisfacer tus necesidades sin atraer inconvenientes.
5. Elabora un texto para este efecto, propónselo a tu subconsciente y provoca una motivación a añadir a tus nuevos pensamientos.
6. Valida el acuerdo de tu subconsciente, garante del cambio.

Después, invité a Sophie a relajarse. Entrenada en la práctica de la meditación, se apresuró a dejarse ir para explorar los recuerdos de su infancia relacionados con el dinero. Yo la guie para que pudiera identificar las creencias trasmitidas por su familia. Cuando ella presentaba un recuerdo, las emociones aumentaban. Al hilo de la conversación, determinamos que tres grandes creencias han dejado una huella significativa en su vida.

En un primer momento, Sophie trascribe claramente las creencias dañinas que su subconsciente había adoptado hasta ese día. Después, especificando la fecha en la que comenzó el ejercicio, ha pedido a su *uni* que anulara definitivamente ese antiguo mensaje y lo sustituyera por nuevas creencias que respondieran de manera razonable a las intenciones que se escondían detrás de sus viejos patrones. *Es extremadamente importante conectar las ideas rechazadas con aquéllas a las que sustituyen.* Por ello, Sophie comunica de inmediato las nuevas declaraciones positivas destinadas a rectificar cada una de sus viejas percepciones. Al menos debe haber una nueva *afirmación* por cada creencia a eliminar. El texto en conjunto puede ser más importante que el que borras de tus recuerdos, pero no al contrario. Finalmente, Sophie termina el mensaje con una evocación que puede adaptarse de una programación a otra. El texto de sustitución global puede ser más importante que lo borre de su memoria, pero no al revés. Finalmente, termina su mensaje con un recordatorio de que se puede adaptar de una programación a otra.

Dado que se puede interrogar al subconsciente a través de la quinesiología, con un test muscular o también por medio de la radiestesia, Sophie deseó validar el acuerdo de su subconsciente con el cambio propuesto y estimar el número de repeticiones que pudieran impresionar a su pequeño *uni*. No podemos predecir el futuro, pues son muchas las variables que pueden interferir en las proyecciones. Este procedimiento sólo permite aproximarse a la fuerza de enraizamiento de esa memoria. Con frecuencia, esta indicación da una buena idea de la reacción de subconsciente en cuanto a un cambio de rumbo. Como un niño pequeño, puede desestabilizarse con las nuevas instrucciones. Antes de repetir las nuevas consignas, tranquiliza a tu subconsciente, hazle saber las ventajas de ese cambio, acabarás por convencerle de la nueva orientación de tu pensamiento.

He aquí el texto de desprogramación y reprogramación utilizado por Sophie, la cual disfruta ahora de la buena situación económica. En su caso, esta etapa era un requisito previo a su petición frente al hecho de que su *uni* se negara obstinadamente a dirigirlo a su aumakua. Esta resistencia se había probado previamente tras haber elaborado su petición (capítulo 7).

Como el subconsciente se toma todo al pie de la letra, cuando éste es el caso, la repetición de un ejercicio debe hacerse siempre con las mismas palabras, de ahí la importancia de escribir en un papel los recuerdos así como la nueva visión propuesta.

Desprogramación y programación sobre el DINERO

Subconsciente:
Hasta el día de hoy, ____________________ (fecha de inicio del ejercicio), he aceptado esta programación restrictiva relacionada con el dinero:

1. La gente que me rodea tiene dinero, pero yo siempre voy justa.
2. Hay que trabajar mucho para tener dinero.
3. Es difícil acumular una cantidad importante de dinero para hacer que produzca lo suficiente para vivir sin problemas.

Subconsciente:

Anulo definitivamente la programación anterior del ____________
(misma fecha anterior) y la sustituyo por ésta:

1. Dios me ofrece una abundancia material y económica. Recibo con gratitud todo lo que me ofrece.
2. Desarrollo mis recursos y mi creatividad para atraer a mí la prosperidad económica realizando plenamente mi razón de existir.
3. Reconozco y utilizo los medios que Dios me ofrece para hacer prosperar mi dinero a fin de tener una cantidad suficiente para vivir sin problemas.
4. Es fácil ganar importantes sumas de dinero de manera rápida y honesta. Tengo una relación sana con el dinero, hago que circule fácil y abundantemente.

Subconsciente:

Lleno todo el vacío que mi vieja programación relacionada con el dinero antes de ____________ (misma fecha) ha dejado con la luz divina y pura que me ilumina en las opciones que tomo respecto al dinero, para mi mayor bien. Gracias, subconsciente. Te amo de manera incondicional. Hacemos un equipo maravilloso.

Sophie.

La reacción de su subconsciente, acerca del cambio de paradigma sobre el dinero, sugería a Sophie que repitiera el mensaje adjunto tres veces al día, durante al menos treinta y un días, antes de las respiraciones Ha. Sophie decidió utilizar esta fase de relajación para impregnarse de fuerza, voluntad y determinación. El hecho de aumentar sus emociones positivas con contribuyeron en gran medida a impresionar a su *uni*.

Tras un período de aproximadamente un mes, Sophie pudo comprobar que su unihipili aceptaba a partir de ese momento colaborar con su petición acerca del dinero. Contrariamente a las afirmaciones y a la desprogramación y la reprogramación, que solicitan tan sólo el espíritu subconsciente, la solicitud requiere la participación de los tres planos de consciencia. Según uno de los procesos propuestos en el capítulo 10, o bien de otro modo, la limpieza de creencias debe precederlo en el caso que uno perciba fuertes resistencias.

Puedes utilizar el mismo proceso para para ajustar los bloqueos que causan ciertos patrones negativos recurrentes en tu vida. Si percibes el cambio, estás capacitado para hacerlo tú mismo. Si no es así, pide ayuda a un profesional.

Así por ejemplo, para identificar las formas de pensamiento que atraen accidentes o que causan enfermedades, hace falta cuestionarse las creencias y los pensamientos más enraizados, aquellos que preparan un terreno favorable al desequilibrio. La mayoría de las veces son muy inquietantes y uno prefiere negarlas. Reconocerlos significa aceptar un cambio profundo, pues *la curación del pensamiento precede siempre a la curación del cuerpo.* ¿Estás dispuesto a cambiar para poder sanar? Empieza a examinar aquello que siempre has ocultado, es la ocasión para aprender mucho sobre ti mismo y sobre la manera de liberarte.

Puedes asimismo identificar la dualidad instalada a través de los esquemas negativos más persistentes en tu vida. Es probable que te conduzcan a las creencias enterradas durante tanto tiempo. Dado que todo sufrimiento es resultado de la dualidad causada por las resistencias del ego, el acceso a la información, animada por la voluntad de cambio, pasará por el proceso inverso, el de la unificación de tu trinidad. Vuelve a las fuentes. Medita, haz respiraciones profundas y pide a tu subconsciente que te revele las creencias que apoyan el esquema que le describes. Toma un lápiz y anota todo lo que acontece. No dejes que tu mente analice y rechace las informaciones. Es posible que hayas adoptado las creencias que circulan en tu entorno y las hayas hecho tuyas, ésas son las que necesitan una limpieza a fondo. Si, en otros aspectos de tu vida, te parece tener el campo libre, motiva a tu subconsciente al cambio mediante simples afirmaciones.

A fin de ilustrar de manera elocuente los mecanismos de defensa del subconsciente, comparto ahora contigo un ejemplo de curación. Aquí se trata de mi propio subconsciente, el cual registró que la enfermedad era la respuesta a nuestras necesidades ya que ella nos ofrecía beneficios reales ¡según su punto de vista, hay que señalar! Tenía que detener ese proceso de autodestrucción. Así que, en el momento en que hice mi primera petición, el proceso de limpieza ya estaba en marcha.

Los mensajes de mi subconsciente están presentes porque se manifiestan siempre a través de la enfermedad. En mi caso, el cuerpo era un vehículo de expresión privilegiado de mi unihipili, que buscaba expresar los trastornos emocionales que se daban en mí. Hasta que no acepto mi sufrimiento, en vez de resistirme a él, el subconsciente queda terriblemente impresionado. He decidido utilizar esta fuerza y cambiar mi tarjeta de memoria.

En lo concerniente a mi salud, tenía varias resistencias tan profundamente arraigadas que progresivamente iban saliendo a la superficie. Un primer intento de desprogramación me ayudó a desbloquear los esquemas de la enfermedad, en relación a aquello que estaba dispuesta a conseguir en ese momento, y a favorecer la curación de grandes perturbaciones por medio de una petición a mi supraconsciente. No guardé material escrito de ese proceso. El modelo que presento aquí, de memoria, podría parecerse a lo que pretendía eliminar. *El apoyo continuo de un gesto que intensifica la voluntad de cambio impresiona enormemente al subconsciente.* Progresivamente, el [delete] (BORRAR) manifiesta una presión importante, mientras que el [enter] (INTRODUCIR) se asocia a un presión del índice para iniciar la programación que he elegido.

Estamos en perpetuo cambio, y la escuela de la vida nos presenta constantemente nuevos aprendizajes. Con el tiempo, yo estaba preparada para acoger de nuevo las reacciones de mi unihipili frente a la salud. No se había resuelto ningún desequilibrio. A partir de entonces, he identificado otros patrones de pensamientos a modificar a fin de disfrutar de una salud cada vez más floreciente.

Desprogramación y programación sobre la SALUD

Subconsciente:
Hasta el día de hoy, ________________ (fecha de inicio del ejercicio), he aceptado esta programación restrictiva relacionada (BORRAR):

1. La atención y el amor que obtengo estando enfermo justifica el sufrimiento que experimento (BORRAR).
2. La enfermedad me aporta el descanso que necesito cuando estoy tenso y me siento inseguro con respecto a mis metas, cuando me siento abandonado (BORRAR).
3. Soy excesivo. Me irrita tener límites que me frenen. Me afirmo (BORRAR).

Subconsciente:
Anulo definitivamente la programación anterior (BORRAR) el día ________________ (misma fecha) y la sustituyo por esta:

1. Tengo reservas de amor ilimitadas. Solamente a mí me concierne el privilegio de admitirme con amor y compasión (INTRODUCIR).
2. Bendigo cada experiencia que me invite a ajustar de manera divina mis pensamientos, me perdono y sigo avanzando. Me elijo y mantengo mi equilibrio. Asumo día a día mis momentos de relajación para recomponerme y aumentar la confianza en mí mismo. Estoy bien acompañado por mi aumakua para afianzar los retos propuestos. Me tomo el tiempo necesario para saborear la vida con alegría (INTRODUCIR).
3. Me acepto y acepto a mi cuerpo físico tal y como es; le escucho y le honro adaptando con respeto mis opciones. Cuento con todos los medios para disfrutar de una salud perfecta y los utilizo armonizando constantemente mis pensamientos con las energías más elevadas (INTRODUCIR).
4. Existo libremente, elijo vivir de una manera plena y saludable (INTRODUCIR).

Subconsciente:
Llena todos los vacíos...

Equilibrar y adaptar mis creencias acerca de la salud ha atraído a mi camino, como en todos los tipos de trasformación, a personas y herramientas maravillosas para seguir mi proceso. En realidad, el objetivo de esta limpieza de creencias *era abrir la consciencia hacia la curación.* Soy más sensible a todas las posibilidades que se me presentan para poder trasformarme. A partir de ahora ejerzo en cada ocasión mi libre albedrío.

Siendo la naturaleza humana como es, he llegado a comprobar que los demás necesitan trasformar lo que yo misma percibo para evolucionar. Es algo común que una carga emotiva vaya asociada a un reto. En esos casos, me abro a las personas de mi entorno, las cuales, desde su perspectiva, me aportan su punto de vista. Cuando surge la verdad, seguramente ya la has experimentado, puedes sentirla de inmediato en tu interior.

¡Confía en ti! Identificarás las creencias de las que deshacerte. Cuando estés listo para aceptar que han guiado tu elección, las reconocerás en un artículo de prensa, en un cartel publicitario, en parte de una conferencia, a través de una conversación que presencies, en un sueño, en una meditación, y, a menudo, en alguna de tus reacciones habituales que nunca habías tenido en cuenta.

* * *

En cuanto a mi amiga, Diane, de la que te he hablado anteriormente, elegí contribuir a la participación de su subconsciente con un protocolo previo de desprogramación y reprogramación antes de encaminar su petición sobre el peso saludable, citada en el capítulo 7. Está inspirado en el protocolo de Sophie para el tema del dinero. Aquí la tienes:

Desprogramación y reprogramación con respecto al CUERPO, la NUTRICIÓN y el PESO SALUDABLE:

Querido subconsciente:
Hasta el día de hoy, 20 de enero de 2010, yo había aceptado esta programación restrictiva relacionada con mi cuerpo, mi nutrición y mi peso saludable:

1. Las personas que me rodean comen lo que les apetece, y a mí me engorda todo lo que como.
2. Siempre tengo que tener cuidado con lo que como.
3. Me es difícil perder peso, y aún más mantener un peso saludable.

Querido subconsciente:
Definitivamente esta programación anterior al 29 de enero de 2010 la sustituyo por la siguiente:

1. Me gusta consumir la cantidad adecuada de alimentos que nutren mi cuerpo y lo estabilizan con un peso saludable.
2. Como bien y mi cuerpo me agradece equilibrando mi figura y mi peso de manera natural.
3. Ofrezco a mi cuerpo mis placeres agradables y él manifiesta reacciones divinamente precisas.
4. Me siento feliz y agradecida de vivir en armonía con mi cuerpo.

Querido subconsciente:
Llena todos los vacíos que ha dejado mi vieja programación de antes del 29 de enero de 2010, relacionada con mi cuerpo, mi nutrición y mi peso saludable, con la luz pura que me ilumina en las decisiones que tomo respecto a los alimentos, que así sea para mi mayor bien.

Gracias, querido subconsciente. ¡Te amo incondicionalmente! ¡Hacemos un equipo maravilloso!

Diane

Aunque su subconsciente estaba de acuerdo con el contenido de la petición de un peso saludable, Diane siguió insistiendo durante doce días, tres veces al día, a fin de afianzar su idea acerca de su nueva figura. Ella quería sobre todo asegurarse, antes de presentar su solicitud, de tener una buena base. Se trataba de una opción personal que le convenía.

En mi experiencia de acompañar a las personas que inician una petición, yo diría que sólo en un 5 por 100 de los casos el subconsciente se niega a unirse al cambio solicitado. El protocolo de desprogramación seguido del de reprogramación en el caso de Diana se ha visto simplemente como una ventaja, mientras que en algunos casos de resistencia ha sido verdaderamente esencial.

* * *

Y por último, tenemos el caso de Yves, su búsqueda de equilibrio y bienestar. Últimamente su energía ha caído en picado tratando de salvar una pareja ocasional en su vida. No habiendo podido evitar caer en las drogas duras, estaba obsesionado con pensamientos negativos frente a lo que percibía como el fracaso de sus intervenciones. Se infravaloraba y se desalentaba. Se sentía bien cuando se sentía útil a los demás, hasta el punto de que generalmente descuidaba sus propias necesidades para priorizar las de los demás, y también se dejaba atrapar por la energía negativa de la persona a salvar, pues tiene dificultad para liberarse.

Juntos, hemos intentado relacionar los pensamientos que normalmente le sumían en el sufrimiento. Al reestructurar sus experiencias de vida, se dio cuenta de que en primer lugar debe reconstruir su autoestima a fin de establecer unas bases más sólidas, esenciales para proseguir el camino que ya ha iniciado. Finalmente, dispuesto a reconocer y aceptar, se ha comprometido a rectificar sus recuerdos. Ha personalizado su proyecto, reforzándolo a partir de rituales familiares.

Cuando le parece bien, durante su jornada, opta por recordar a su subconsciente el *título* de su desprogramación y su reprogramación apoyándose en una *melodía* convincente que canturrea como una llamada al tema buscado en lo sucesivo.

Cada vez, *cuando inicia su ritual,* Yves enfatiza su mensaje combinando respiraciones Ha con las energías angelicales bien determinadas. Entre las siete que ha identificado previamente para sostener su petición, comprueba las que le serán de más ayuda. Durante las respiraciones relajantes que le preparan repite mentalmente, como un mantra, *el nombre del ángel, visualizando la luz dorada:*

1. *VEHIAH 1 (1): Voluntad, permiso para salir de la confusión y del estancamiento, energía necesaria para poner fin a la enfermedad o a la depresión, abundancia de energía, valor.*
2. *HAHAIAH (12): Armonía interior en medio de la reconsideración del ser, bloqueo de las tendencias destructivas internas, protección, positivismo.*
3. *HAHEUIAH (24): Segundo ángel personal, protección, bloqueo del mal, permiso para escapar de la persecución (que él se inflige).*
4. *LEHAIAH (34): Primer ángel personal, obediencia (a su ser divino) sentido de la responsabilidad.*
5. *ANIEL (37): Desarrollo de una voluntad de independencia, liberación de antiguas fuerzas, romper el círculo de emociones que aísla los pensamientos elevados.*
6. *IMAMIAH (52): Liberación de prisiones internas, ardor, fuerza y gran energía, apoyo en los momentos dolorosos, posibilidad de reparar los errores.*
7. *ANAUEL (63): Percepción de la unidad, liberación de las dependencias, control de las emociones, visión de conjunto de los acontecimientos, para estar en forma y sano.*

(Muller, Grobéty, 1997)

Yves puede sentir, estando atento a su propia espiración durante la respiración Ha, toda la energía que le ayuda a elevar sus vibraciones. Por lo tanto, es capaz de *visualizar la fuerza liberadora* que le hará salir del atolladero. Al repetir este ejercicio todos los días, cinco veces al día, en su caso, conduce a su subconsciente hacia *la trasformación en la que él se involucra con determinación.*

Desprogramación y reprogramación, «ME TENGO EN GRAN ESTIMA»

Mi querido subconsciente:
Hasta el día de hoy, ________________________ (fecha de inicio del ejercicio), he aceptado esta programación restrictiva que con frecuencia crea en mi vida confusión y desequilibrio emocional (BORRAR).

1. Soy valorado especialmente cuando soy útil a los demás. Antepongo sus necesidades a las mías. Me olvido de mí para salvar a los demás (BORRAR).
2. Casi todo en mi vida sucede por mi culpa, pues apenas puedo gestionar mis emociones y tomar decisiones correctas. Tengo tendencia al autosabotaje para castigarme (BORRAR).
3. Al buscar el amor a toda costa, tengo tendencia a encadenarme por medio de dependencias que me destruyen (BORRAR).
4. No me muevo porque tengo miedo a vivir los fracasos con la confusión que siento en mi interior. Estoy deseoso de avanzar con confianza en la dirección que me sugiera mi intuición (BORRAR).
5. Me gusta el escapismo para refugiarme en la ilusión (BORRAR).

Querido subconsciente:
Anulo definitivamente la programación anterior (BORRAR) al ____________________ (misma fecha) y la sustituyo por la siguiente:

1. En contacto con mi esencia más pura, reconozco el valor global de mi existencia. Me felicito por mis progresos y doy gracias a la vida por la armonía que hay dentro de mí. Me involucro en esta sola misión que me concierne, la de aumentar mi propia energía. De este modo puedo irradiar a los demás e inspirarlos a que tomen el propio control (INTRODUCIR).
2. Acepto las etapas de mi evolución. Paso a la acción para aprovechar las oportunidades de trasformar mis emociones y seguir la inspiración divina en el ejercicio de mi elección. Regularmente, aumento mi fuerza de acción para hacer emerger mi esencia más pura (INTRODUCIR).
3. En contacto con mi esencia divina, reconozco que soy el único responsable de elevarme hacia las energías liberadoras. Me acojo con amor y me perdono con tal compasión que mi apertura activa mi fuerza de liberación (INTRODUCIR).
4. Veo con claridad, tengo fe en mis recursos y me siento bien preparado para afrontar los retos que se me presentan. Confío en mi sabiduría interna para avanzar en la dirección propuesta por mi alma y me comprometo a ello con respeto (INTRODUCIR).
5. Agradezco los mensajes divinos que recibo. Amplío mi visión para percibir con discernimiento el sentido que tienen mis experiencias y aprovechar activamente las oportunidades de desarrollo que se me presentan (INTRODUCIR).

Mi querido subconsciente:
Llena los vacíos de mi antigua programación vinculados a la estima personal de antes del ____________________ (misma fecha) con la pura luz que me ilumina en las decisiones que tomo (INTRODUCIR). Gracias, mi pequeño subconsciente. Te amo y te doy las gracias por contribuir a poderosa energía que nos eleva (INTRODUCIR).

¡Hacemos un gran equipo! «Let's go!».[22]

Yves

22. En inglés en el original: «¡Adelante!»

Para hacer hincapié en el texto y para asegurar la existencia de un pensamiento positivo, Yves adoptó placenteramente la estrategia de las teclas INTRODUCIR y BORRAR que ves en los textos anteriores. Este sencillo ejercicio que consiste en clicar una tecla ficticia le hace sentir seguridad a la hora de elegir sus pensamientos. Si le resulta difícil eliminar las vibraciones tóxicas, hace una llamada a su subconsciente con esta afirmación: «Subconsciente, *elijo a Dios* (INTRODUCIR), únicamente a Dios, elijo (aquí una palabra o dos palabras de su elección) (INTRODUCIR). *Ajusta de forma divina* mis pensamientos, mis creencias, mis emociones, mis reacciones (INTRODUCIR). Gracias».

* * *

De hecho, esta petición puede parecer un *lavado de cerebro consciente* orientado según el objetivo elegido y buscado por el interesado, preocupado en identificar las creencias malsanas que contribuyen a hundirle. Aunque no hayas identificado todas las programaciones limitadoras, de todos modos puedes utilizar este método para eliminar tus pensamientos tóxicos y sustituirlos por la elección deliberada de la polaridad opuesta.

Esta petición de liberación de ti mismo puede completarse con cualquier otro planteamiento que te atraiga.

Capítulo 10
El enfoque Ho'oponopono, una poderosa técnica de limpieza

Tienes la oportunidad de encarnarte en esa época de grandes trasformaciones en la que el ser humano tiene la posibilidad de liberarse, de despejar las tinieblas que él mismo ha creado o atraído. En la tradición hawaiana, el Ho'oponopono revela un enfoque responsable de las vibraciones que cada uno de nosotros mantiene. Poniendo fin a las escenas repetitivas, se presenta como una experiencia personal de purificación de los recuerdos, los cuales nos llevan a revivir o a ser testigos de problemas recurrentes. Esas escenas de sufrimiento aparecen como una manifestación de la resistencia de tu subconsciente frente a los cambios que propone tu yo divino. Algunos recuerdos resurgen de una encarnación a otra, mientras que otros quedan impresos por medio de los recuerdos genéticos en tu vida actual, pues tú eres igualmente portador de recuerdos ancestrales trasmitidos de una generación a otra. Sin tener que identificarlos, es posible, de ahora en adelante, borrarlos a fin de establecer la armonía entre tus planos de consciencia. Serás guiado para efectuar tu propia limpieza, pasando a ser consciente de los cambios de energía en el momento en que estás expuesto a ciertas realidades.

La fuente del Ho'oponopono

1. Herirse uno mismo.

En la cultura ancestral que prevalece en Hawái, el concepto de pecado no existe a menos que deliberadamente se quiera hacer daño a alguien. Ninguna institución intervenía para decidir lo que estaba bien o mal, pues sólo el individuo conoce la intención que hay en él cuando ejerce una opción. Por lo tanto, como el juicio y la culpa nunca venían del exterior, para sanar todo el mundo tenía la oportunidad de iniciar su propio proceso de limpieza energética. Al hacerlo, se restablecía el contacto armonioso entre su propia trinidad y la divinidad.

2. Herir a los demás.

En la época en la que los individuos vivían encerrados en la comunidad de su aldea, era posible resolver personalmente los conflictos producidos con la mala intención. El Ho'oponopono proviene de la práctica que llevaba a la gente a resolver, en reuniones comunitarias, los problemas que ella misma había causado.

Un miembro del grupo pedía perdón a la persona a la que había ofendido, y ésta se lo concedía. El mismo procedimiento se aplicaba en grupos de personas afectadas por una acción pasada. Se aprovechaban estas reuniones para mejorar las relaciones en un *clima de amor incondicional, perdón, compasión y gratitud.*

«La participación de los niños en la práctica del Ho'oponopono les enseñaba a prepararse mejor para su vida adulta, señalándoles un objetivo inmediato: hacerles comprender que los adultos podrían tener problemas, perder los papeles y cometer actos reprobables, pero que estaban dispuestos a hablar de ello, a buscar maneras de resolver sus conflictos y a mejorar su comportamiento» (Pukui, Haertig & Lee, 1972, p. 70). Según estos autores, el hecho de admitir abiertamente los errores, hablar con franqueza y con contrición era una condición esencial para liberar las energías malsanas. Por lo tanto, los intercambios se producían con el lenguaje del corazón.

Sin embargo, ello no excluía en absoluto la expresión de las emociones. Nadie tenía que fingir que no existían, pues cuando las reprimimos pueden generar aún males mayores. Inicialmente, se invitaba a los interesados a hablar con el «moderador», encargado de coordinar el intercambio antes de participar en un ritual. Sólo cuando las personas implicadas habían manejado sus emociones con madurez podía iniciarse la reunión. «El Ho'oponopono apareció como un último esfuerzo para asumir uno mismo la responsabilidad de una persona adulta» (Pukui, Haertig & Lee, 1972, p. 69). En lugar de reaccionar como un niño pidiendo socorro, se recurría a la fuerza interior para salir del problema: «Ayúdanos a ayudarnos a nosotros mismos».

3. Fundamentos de la adaptación del ritual del perdón.

A partir de que la movilidad de los isleños fue creciendo, cada vez se hacía más difícil organizar esas reuniones. El conocimiento profundo de los niveles de consciencia y la red de comunicaciones utilizada por la energía llevó a Morrnah Simeona, una de las últimas hijas de un kahuna hawaiano, a proponer una adaptación actual del ritual del perdón, una iniciativa que ha demostrado ser extremadamente concluyente.

He aquí algunos principios que me permiten comprender el proyecto de Morrnah Simeona:

- *La red de comunicaciones formada por los hilos aka permite llegar de inmediato al pensamiento de cualquier persona,* ya esté viva o muerta. Al igual que un ordenador, es tu espíritu subconsciente el que establece el contacto. Del mismo modo que haces una búsqueda en Internet, las nociones de espacio y tiempo no interfieren en modo alguno y la inmensidad del conjunto no supone ningún obstáculo. El contacto se hace sobre pedido.
- Puedes también dirigirte alguien que esté ausente. Las formas de pensamiento que recibes circulan a lo largo de los hilos aka. Acep-

tas limpiar el circuito energético que conectas a fin de *trasformar la percepción que tienes de un evento. Cuando cambia tu mirada sobre el otro o sobre la situación, nada puede ser como antes.* Cuando un actor cambia de rol, toda la pieza teatral toma un nuevo giro. En cada escena de tu vida pasada, los actores, los decorados y el vestuario han sido especialmente elegidos por tu alma para revelarte a ti mismo.

- *Tu subconsciente, al igual que un niño, no diferencia entre realidad y ficción.* Cuando a un niño se le muestra una película, una historia o un juego de rol, la situación le parece real. Es extremadamente permeable al mensaje que recibe. Tu puesta en escena, paisaje o vestuario serán más que suficientes para trasportarlo a un mundo que él aceptará como real y para llevarle a *sentir emociones potentes a altas vibraciones* que le quedarán grabadas en la memoria. Sólo el espíritu consciente tiene la facultad de analizar y juzgar una situación benéfica, mientras que el subconsciente se impregna fácilmente de aquello que le propones. Éste es uno de los fundamentos de los rituales del Ho'oponopono que propone Morrnah Simeona.
- En primer lugar, incluso antes de iniciar el Ho'oponopono propiamente dicho, para que la energía del corazón fluya en el momento del ritual, tu uhane puede ayudar a tu pequeño unihipili a trasformar sus percepciones. Una de las múltiples maneras de liberarte de las emociones dañinas es provocar una puesta en escena susceptible de liberar algunos recuerdos impresionando fuertemente al subconsciente. *Mira la situación conflictiva de frente* y déjate llevar por la creatividad. Puesto que tu espíritu subconsciente no discierne entre realidad e imaginación, la liberación puede hacerse en ausencia de la persona implicada. *Haz una representación en la que tú montes todas las escenas e interpretes todos los papeles, haz creer a tu subconsciente que un suceso X ha sucedido realmente.* Imagínate la escena en la que te liberas finalmente de una carga emotiva extremadamente pesada.

- *Tu consciente tienen el papel de liberar a tu subconsciente* de los recuerdos de sufrimientos generados por tu ego a fin de dejar emerger la naturaleza luminosa de tu ser. Según diversos métodos, comprometiéndote intensamente o de una manera que impresione mucho a tu unihipili, tu consciente llamará la atención de tu subconsciente acerca de la importancia que él que concede a la limpieza. A partir de ese momento, empezará a tener lugar en ti, de manera gradual, un cambio de pensamiento.

  Así pues, cada vez irás atrayendo más ocasiones de limpieza, pues tu subconsciente se va haciendo a la idea de colaborar contigo para liberarte del peso de experiencias, pensamientos y creencias dañinas. Esas mismas posibilidades han estado presentes a lo largo de toda tu vida, pero al no estar abierto a enfrentarte a ellas en profundidad, no las descodificabas.

  Tus heridas modelan constantemente tus relaciones y tus experiencias. Atraen todo aquello susceptible de aumentarlas hasta que estés preparado para sanarlas. A veces, creerás que todo está resuelto, pero nuevas ocasiones te demostrarán que aún tienes que hacer una limpieza a fondo en nuevos contextos que siguen suponiendo una pesada carga emocional. Libérate de los juicios y acepta con gratitud cada realidad que atraes. Cambia de perspectiva. Limpia. ¡Y después vuelve a limpiar!
- Ahora que tu subconsciente está preparado para un proceso de saneamiento de tus recuerdos, *sabrás reconocer tus propias vibraciones, ya sea en una situación o en una persona, pues atraerás constantemente aquello que está en consonancia contigo.* Te darás cuenta de que, energéticamente, atraerás las experiencias y a las personas más susceptibles de provocar una reacción que lleve a cuestionarte tus propios patrones. Tu aumakua, sabiendo exactamente dónde te lleva, te envía personas que vibran en la misma frecuencia dentro del aspecto que te invita a trasformar. En lugar de acusar al cielo o a quien sea de tus problemas, buscarás en tu interior qué es lo que provoca el desequilibrio. *Tu estado cons-*

ciente se hace cargo finalmente de sus responsabilidades y acepta liberarse.

Llamo la atención sobre la palabra *responsabilidad* en lugar de la de *culpabilidad.* La responsabilidad te lleva a comprometerte y actuar sobre lo que te pertenece, mientras que la culpabilidad te lleva a enjuiciar, a una falta de amor.

- La limpieza de tus pensamientos y de tus creencias es extraordinaria, pues contribuye a elevar tus propios planos de consciencia y también a la elevación de la consciencia planetaria. Cada individuo que eleva su nivel vibratorio contribuye a elevar todo en conjunto.

  Al unirte a otras personas para definir un objetivo, los efectos de la limpieza aumentan exponencialmente. Por ello, muchas personas se unen para hacer una limpieza.

  Los recuerdos liberados de este modo traspasan las fronteras de tiempo y espacio para borrar las pistas dejadas por las vidas pasadas, por el linaje, o por la historia de grupos de pertenencia de los que se ha formado o se forma parte. *De acuerdo con los planos superiores de energía, ejerces el poder de modificar y recrear tu historia personal y colectiva.*

4. El espíritu de los rituales.

Tu subconsciente, que puede equipararse a un niño de preescolar en lo concerniente a la evolución, se deja impresionar fácilmente por los rituales. Son ellos los que lo preparan y lo sitúan en ambiente. Inspírate para *introducir los elementos de rituales personales.* Tus propias experiencias juveniles deben indicarte qué es lo más probable que motive a tu niño interior, unihipili. Tu vida cotidiana está marcada de rituales que anuncian las etapas de la jornada, símbolos que te hablan, códigos que sostienen tus declaraciones, etc. ¡Pon las ideas en marcha!

Según tus modos de expresión preferidos, tienes la posibilidad de explorar diversos modos de aplicar tus cinco sentidos en los cuatro elementos y elegir el que te sea más eficaz para llegar a las *emociones liberadoras.* He aquí algunas ideas:

- **El tacto**

  Las personas con dominio quinestésico encontrarán, por medio de la danza, el movimiento, la ropa, un efecto liberador intensificado.

  Por otro lado, el método EFT,[23] integrado en el ritual del perdón, tal como propone el doctor Len un poco más adelante en este mismo capítulo, te abrirá a la trasformación. Concéntrate en las palabras propuestas al mismo tiempo que tocas tu cuerpo simultáneamente en los puntos de acupuntura siguientes: parte superior de la cabeza, inicio de las cejas, sienes, sobre los pómulos, sobre la boca, hueco de la barbilla, timo, axilas, bajo los senos, y volver a empezar la secuencia.

- **El oído**

  La audición favorecerá la importancia del protocolo. El Ho'oponopono cantado, la música ambiental, los ritmos, los sonidos de la naturaleza, el canto de los pájaros, las cascadas de agua y el silencio inspirador son asimismo un gran soporte que acentuará el efecto del aire.

- **La vista**

  Habilitar un espacio pequeño, fijar la mirada en un árbol majestuoso, en el baile de una llama, en un cristal que refleja todos los colores del arco iris en el cielo, en ver las estrellas, en contemplar paisajes relajantes, o en colores asociados a la intención propuesta harán que las personas visualicen más la tierra, el fuego o el agua.

- **El olfato**

  La aportación de aire fresco, el uso de aceites esenciales y las respiraciones profundas son maneras de integrar el elemento aire.

---

23. EFT: Técnica de liberación emocional (Emotional Freedom Technique).

- **El gusto**

  Beber agua de manantial y tisanas de efectos relajantes y tomar alimentos naturales provenientes de la tierra se integrarán en la ceremonia de limpieza.

  Sin embargo, no dejes nunca de realizar el ritual de Ho'oponopono por la falta de algunos de los elementos previstos. Con la imaginación puede sustituirse fácilmente cualquier carencia. *Todo puede ser reemplazado por el pensamiento, pues el pensamiento crea.* La energía conducida por los pensamientos creados es extremadamente poderosa.

Los rituales propuestos por Morrnah Simeona

1. El espíritu de los juegos de rol.

Morrnah Simeona, una kahuna reconocida que ha aportado su valiosa colaboración al Huna Research, sensibilizó después al doctor Hew Len con su método en noviembre de 1982.

Ella había puesto en marcha un enfoque intrapersonal basado en un juego de rol para llevar al subconsciente a *vivir el Ho'oponopono* como si las personas involucradas estuvieran una frente a otra. Ella propone diferentes versiones. La primera se refiere a los conflictos, grandes o pequeños, entre las personas. Depende de ti mismo valorar la importancia. La segunda se refiere a los acontecimientos y sugiere un diálogo con el Creador. En todos los casos, con la puesta en escena de tu elección, tu consciente jugará todos los roles haciendo creer a tu subconsciente que la otra parte está realmente presente.

Así, por ejemplo, cuando le dices a tu subconsciente que estás en tal sitio, en presencia de tal persona y en determinado entorno, él te creerá. Si, además, *generas una emoción intensa,* se sentirá aún más preocupado. Es tu vivencia emocional la que establece con igual intensidad tus recuerdos. La intensidad y la calidad de tus emociones son las variables que contribuyen en gran medida al resultado buscado.

2. Los preliminares de los rituales.

Antes de empezar, he aquí algunas sugerencias para que te centres.

- **El lugar**
  Busca un lugar tranquilo donde no importe que hables en voz alta, si no, susurra. Eso es mejor que leer en silencio.

- **La respiración**
  Realiza en primer lugar el ejercicio de respiraciones Ha para acrecentar el efecto de la limpieza.

- **La vibración positiva**
  Céntrate a fin de poder expresarte con la energía del corazón.

- **El proceso de introspección**
  Lee el texto de introspección que sugiere Max Freedom Long, del cual encontrarás aquí una adaptación. Concéntrate en el sentido de las palabras de su bellísima «oración Huna». Haz una pausa después de cada línea impregnándote profundamente de la energía del amor, del perdón y de la compasión.

  No reserves este texto sólo para los preliminares del juego de rol. También te beneficiarás de él en cualquier momento, pues será el detonante que te incitará a señalar y medir tu camino. Incorpóralo, al menos durante todo un mes, en tu balance final del día. Así serás cada vez más consciente de tus reacciones al tener esta oportunidad para la reflexión. Con el tiempo, mientras te ocupas de tus obligaciones, tu consciencia despierta atraerá tu atención sobre el impacto de tus pensamientos y de tus opciones antes incluso de pasar a la acción. Integrarás de manera espontánea un enfoque introspectivo extremadamente beneficioso para sanear constantemente tu energía y mantener elevada tu frecuencia vibratoria.

  Si crees que tus acciones afectan a una o dos personas, haciéndolas padecer, puedes ofrecerles una compensación espiritual encaminando la energía positiva del ritual que efectuarás de manera compasiva hacia ti y hacia las personas involucradas. Lo que has experimentado representa un aprendizaje para todos y las energías que ha participado en él serán trasformadas por el amor que dedicas.

Los rituales asociados al Ho'oponopono puede parecer que tienen una connotación religiosa, pues la forma empleada y los valores sugeridos recuerdan los fundamentos de muchas religiones. Recuerda sin embargo que estos rituales legados por los hermanos kahunas sólo te implican a ti, se dirigen a ti mismo, a tu ser superior, aumakua, y señalan a tu armonía interior.

Adaptación de la oración Huna, de Max Freedom Long
(Long, A little prayer for HRA'S, 1949)

Si, hoy día o anteriormente, me he ofendido,
si he ofendido a la creación o a quien sea,
con el pensamiento, la palabra, la acción o la omisión,
he perdido la oportunidad de ayudarme o ayudar a cualquier persona,
me arrepiento.
Si tuviera la oportunidad de corregirme, me infligiría una sanción
honorable para sanar por medio del amor esas heridas.
Me comprometo a ello.
He sido profundamente herido sin haber recibido compensación,
invoco la intervención de la luz para restablecer el equilibrio
y borrar así esta deuda.
Mi Ser divino, al que amo intensamente
y que me devuelve por centuplicado este amor incondicional,
imprégname, me abro totalmente a ti;
limpia mi camino de vida hacia la Fuente.

3. El procedimiento de los rituales adaptados.

Según la importancia de los recuerdos almacenados, deberás repetir el ritual del Ho'oponopono adecuado a la circunstancia una cuantas veces. A medida que tu subconsciente haya grabado fielmente tus reacciones relativas a personas o a un tipo de acontecimiento, siempre podrás evaluar aproximadamente el número de repeticiones necesarias para realizar la limpieza con la ayuda del péndulo. Es una proyección, y el resultado puede cambiar dependiendo de la regularidad y la intensidad que hayas empeñado en el ritual. De lo contrario, confía en tus sentidos.

De hecho, sabrás que realmente has sido perdonado cuando sientas un estado de serenidad al evocar o contactar con un tipo de experiencia, un entorno o unas personas que en algún momento perturbaron tu energía. El avance se realizará con el cambio de perspectiva de tu antigua realidad. Te sentirás liberado de unas emociones que anteriormente te hicieron perder la energía. Tu manera de reaccionar frente a personas y acontecimientos se habrá trasformado por completo.

Tómate el tiempo necesario para experimentar gratitud por las fuerzas que esas ocasiones oportunas han hecho surgir en el trascurso de tu camino.

* *El ritual de limpieza entre personas.*

Elige este método para limpiar y resolver los problemas *importantes* que surjan en tus relaciones interpersonales.

Puesto que tu subconsciente no distingue entre ficción y realidad, el enfoque se basa en un juego de rol, en ausencia de la persona implicada. Informa a tu pequeño *uni* de que te visita la persona X y muéstrale a esa persona en la habitación. Se lo creerá. Asume el juego del rol, haz como en el teatro y cambia de lugar y de personaje. Tu subconsciente pensará que esa conversación está sucediendo realmente y que por una y otra parte se concede el perdón. Lo importante es que tu subconsciente lo crea. He aquí cómo hay que proceder:

- En voz alta, efectúa la primera parte pidiendo perdón a la otra persona.
- Interpreta la segunda parte en nombre de la otra persona.
- Actúa como si la otra persona te pidiera perdón y juega el rol de la primera parte en su nombre.
- Leyendo la primera parte, concede tu perdón.
- ¡Ponle emoción! Siente gratitud por esta liberación.

Tabla 11

El ritual entre personas

PRIMERA PARTE:
Divino Creador [aumakua, uhane unihipili] en uno, si yo mismo, ____________________ (tu nombre), mi familia, mis relaciones o mis antepasados te hemos ofendido a ti, ____________________ (nombre de la persona), a tu familia, a tus amigos o a tus antepasados con el pensamiento, palabra u obra desde el principio de los tiempos hasta ahora, con toda humildad, yo, mi familia, mis amigos y mis antepasados te pedimos perdón por todos nuestros errores, nuestros resentimientos, nuestras ofensas [nuestras omisiones] y las dependencias que hayamos creado y acumulado desde el principio de los tiempos hasta ahora [en todo el universo].
¿Estás dispuesto a perdonarme?

SEGUNDA PARTE:
Sí, te perdono (simboliza el perdón asperjándote con un poco de agua).
Que esta agua nos libere de cualquier dependencia kármica en los planos espirituales, mentales, físicos, materiales [...] y económicos. Los eliminamos de nuestra memoria, nos liberamos de todos los recuerdos y bloqueos negativos e indeseables que nos atan y nos mantienen en un estado de dependencia.
Limpiamos, purificamos y trasformamos todas esas energías en luz pura.
Llenamos las vidas creadas con luz divina.
Que la voluntad divina, la luz, el amor, la paz, el equilibrio, la sabiduría, la comprensión [y la abundancia] se manifiesten en nosotros, en nuestras vidas, por el poder divino del Creador, padre, madre e hijo en uno, en quien hemos depositado nuestra fe, a quien obedecemos y a quien debemos la vida, ahora y por siempre.
Que así sea. Se ha cumplido. ¡Gracias!

Fuente: Huna Research, Pacific Seminars 1981, Morrnah Simeona
Adaptado por Sylvie Doré

* *El ritual de limpieza entre personas abreviado.*

En el caso de perturbaciones puntuales o menores con ciertos seres que pasan por tu camino, puedes realizar esta versión abreviada del ritual entre personas. Sólo tú eres el indicado para evaluar la gravedad de la situación.

Tabla 12

El ritual abreviado entre personas

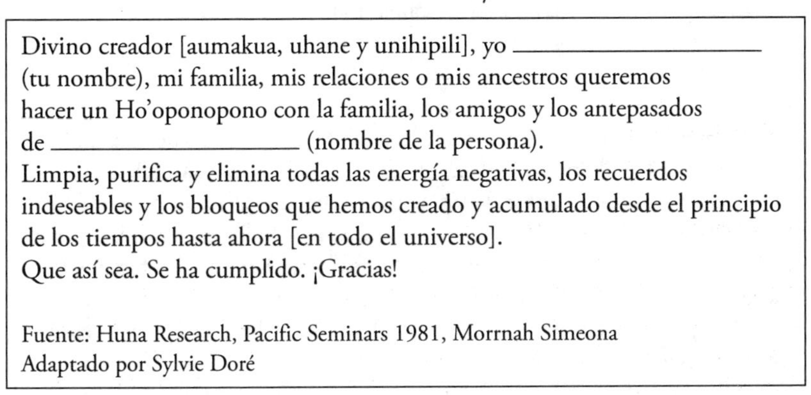

Divino creador [aumakua, uhane y unihipili], yo ______________________ (tu nombre), mi familia, mis relaciones o mis ancestros queremos hacer un Ho'oponopono con la familia, los amigos y los antepasados de ______________________ (nombre de la persona).
Limpia, purifica y elimina todas las energía negativas, los recuerdos indeseables y los bloqueos que hemos creado y acumulado desde el principio de los tiempos hasta ahora [en todo el universo].
Que así sea. Se ha cumplido. ¡Gracias!

Fuente: Huna Research, Pacific Seminars 1981, Morrnah Simeona
Adaptado por Sylvie Doré

* *El ritual de limpieza vinculado a los acontecimientos.*

Finalmente, cuando la limpieza se asocia con un tipo de acontecimiento que altera tu vida debido a su importancia o a su recurrencia, es necesario limpiar los recuerdos asociados a la ayuda de este ritual.

Antes de empezar, cuenta la situación o el reto a tu subconsciente en unos términos claros. Preséntale de manera positiva el objetivo que buscas. El diálogo le concierne al Creador y a ti; tú representarás ambos roles cambiando de posición para que tu subconsciente perciba claramente el perdón acordado en las alturas. Tú tienes el poder de modular el impacto de este ritual sobre tu subconsciente. Recuerda siempre impregnarte de emociones fuertes y positivas y le impresionarás vivamente.

Tabla 13

El ritual de los acontecimientos

TÚ
Divino Creador [aumakua, uhane y unihipili] si yo ______________ (tu nombre), mi familia, mis amigos, o mis antepasados hemos ofendido a la Creación de pensamiento, palabra, u obra [u omisión] desde el principio de los tiempos hasta ahora, humildemente, yo, mi familia, mis amigos y mis antepasados, te pedimos perdón por nuestros errores, nuestras culpas [nuestras omisiones], nuestras ofensas y por las dependencias que hemos creado y acumulado desde el principio de los tiempos hasta ahora [en todo nuestro universo].
¿Estás dispuesto a perdonarme?

EL CREADOR
Sí, te perdono (simboliza el perdón asperjándote con un poco de agua).
Que esta agua te libere a ti, ______________ (tu nombre), a tu familia, a tus amigos y antepasados de toda dependencia kármica en los planos espirituales, mentales, físicos, materiales [...] y financieros. Eliminadla de vuestra memoria, liberaos y limpiad todos los recuerdos y los bloqueos negativos e indeseables vinculados a los acontecimientos [aquí la cuestión a la que se refiera]. Que todas esas energía indeseables se limpien, purifiquen y trasformen en pura luz divina.
Que la voluntad divina, la luz, el amor, la paz, el equilibrio, la sabiduría, la comprensión [y la abundancia] se manifiesten en nosotros, en nuestras vidas.

TÚ
¡Gracias! Que esta agua limpie todos los acontecimientos pasados relacionados con ______________ y favorezca la libre circulación de la energía, en nosotros, a través nuestro y en nuestro entorno.

Fuente: Huna Research, Pacific Seminars 1981, Morrnah Simeona
Adaptado por Sylvie Doré

El sistema de limpieza integrado en la cotidianeidad del doctor Hew Len

1. La técnica centrada en la resonancia en uno mismo.
El doctor Hew Len, en el libro *En el Cero* (Ediciones Obelisco), dio testimonio de un enfoque inusual para identificar y ajustar lo que le

pertenecía en el contexto expuesto. Responsable de enfermos graves del departamento de psiquiatría que él dirigía, el doctor Len nunca se había encontrado con sus pacientes. Con fe, persistió en el camino que él consideraba beneficioso, abordando su papel de médico bajo una nueva perspectiva. Basándose en el historial, se dedicó a la tarea de sanar aquello que dentro de cada uno entraba en resonancia con una parte de él mismo y a limpiar mediante la práctica de esta sencilla pero efectiva versión del Ho'oponopono, con gran perseverancia, hasta obtener resultados que hablaran por sí mismos. Poco a poco, la curación de todos los pacientes que le habían sido confiados vino a dar testimonio de la eficacia de la limpieza que se hizo a sí mismo.

El doctor Hew Len concentró con total fe toda su energía en liberar a sus pacientes con la ayuda de otro enfoque del Ho'oponopono. Se trata de guiar tu pensamiento hacia las virtudes *del amor incondicional, la compasión, el perdón y la gratitud* repitiendo la siguiente declaración: «¡TE AMO, LO SIENTO, PERDÓNAME, POR FAVOR, GRACIAS!».

Estás palabras están dirigidas a *la divinidad que hay en ti,* sabiendo que el amor trasforma los orígenes del problema que tienes. Después, ofreces compasión pidiendo que te perdone por aquello que hay en tu interior y que se manifiesta hacia el exterior como un problema. Y, finalmente, das las gracias a la Fuente, teniendo en cuenta que el proceso está en marcha y a punto para manifestarse.

Al repetir estas palabras con frecuencia, mentalmente, en voz alta o cantándolas si es posible, actúas sobre tu subconsciente, una de cuyas características es que aprende por medio de la repetición, como un niño pequeño. Tu unihipili, a fuerza de escuchar insistentemente el mismo mensaje, se adherirá gradualmente al cambio de pensamiento iniciado.

Te aconseja que utilices este procedimiento en el mismo momento en que una persona, un acontecimiento o un recuerdo desequilibre tu energía. Mientras repites esas palabras interiormente, percibirás que tu perspectiva cambia y que estás más inspirado para responder a la situación. De este modo, cambia la orientación del escenario que se describe. En cuanto espíritu consciente, aprendes a estar más atento a los cambios de tu nivel vibratorio y a buscar las causas para poder modificar tus propias reacciones. *¿Qué tipo de energías produces de la mañana a la noche?* Hacer la pregunta incita a la responsabilidad.

2. La trasformación personal.

A lo largo de tu vida, atraerás a personas y a sucesos en resonancia con *una parte de ti que va a trasformarse,* aquélla con una intensidad extrema hasta que aceptes limpiarla. ¡Nunca podrás evitarlo!

En mi vida cuento con muchas personas cercanas a las que considero perfeccionistas y controladoras. ¿Qué te parece que significa esto? ¿Por qué hay una concentración de personas así a mi alrededor? No puedo hacer otra cosa que abrir los ojos y reconocer que ahí en ellos hay una parte de mí. ¡Conéctate a la Fuente a fin de percibir a los demás bajo una claridad divina y te conocerás mucho mejor! Los otros, en la medida que te hacen reaccionar, son el reflejo de lo que tú eres. Reconociendo esto, estarás preparado para trasformarte mediante la forma de Ho'oponopono que te inspire.

No te preocupes por cambiar a los demás. Las situaciones que te hacen reaccionar surgen inevitablemente para que seas consciente de tu propia selección de pensamientos, actitudes y emociones frente a los acontecimientos, el estrés y los golpes de la vida. El contexto del cambio propuesto puede ser diferente de lo que has observado, pero la lección de la vida es la misma que la que te ha perturbado por medio de alguien de tu entorno. ¡Obsérvate y acepta lo que descubras!

«Cada persona es responsable de su sanación, de sus creencias y de su desarrollo. Lo que permanece estable se consigue por medio del trabajo personal y la apertura de consciencia. Por ello, los maestros taoístas responden con frecuencia a las que les plantean con esta otra pregunta: "¿Has practicado?"» (Tremblay, 2009, p. 23).

Así pues, cuando un pensamiento tóxico llega a una circunstancia dada, debes practicar para percibirlo lo más rápidamente posible. Tan pronto como ajustes tu reacción, restablecerás el equilibrio parar reencontrar la unidad. Comunícate con tu pequeño *uni* tantas veces al día como sea necesario para recordarle simplemente esto:

«Subconsciente, ajusta divinamente mis emociones, mis reacciones, mis pensamientos y mis creencias. En todo momento, elegimos a Dios, tan sólo a Dios».[24]

Así, estableces tus niveles de consciencia para que incidan en un mismo objetivo: integrar y *mantener* las más altas vibraciones.

Sé consciente en cada instante de tus pérdidas de energía y evita los deslices. A veces, tu reacción alimenta el conflicto por medio de la argumentación, la justificación o por cualquier otra manifestación de ego. A veces, alimenta tus miedos, aquellos que consideras totalmente «justificables» para evitar hacerles frente. En otras ocasiones, manteniendo tus estándares sin ajustarte a la realidad cambiante, incrementas tu estrés. Poner en cuestión tus hábitos muy arraigados hará que salgas de tu zona de confort. Hazlo, atrévete y verás los beneficios que ello te comporta. En la flexibilidad de dejar que los desafíos salgan a la luz se encuentra el camino de la libertad.

«Tus heridas existen en ti mismo, tú las llevas dondequiera que vas. Bajo la dominación de tu "yo" separatista (el ego), todo tu ser no es más que una gran herida.

»Nadie puede tocar a un taoísta. ¿Por qué? Pues porque en él no hay nada, ninguna persona a la que herir.

»Sé completo y sé uno, y acepta las cosas tal como son. Trata de vivir así tan sólo durante veinticuatro horas. Acepta todo, cualquier cosa que llegue… De repente, experimentarás una energía renovada, un flujo de vitalidad que nunca antes habías sentido» (Rajneesh, 1995, p. 144).

---

24. La Fuente.

Para desarrollar una reacción más adaptada a tu realidad, la respiración Ha es sin duda un sistema interesante. Antes de la respiración, acepta con amor y gratitud aquello que estás dispuesto a cambiar. Después, con la inhalación crea unas emociones beneficiosas orientadas al cambio deseado mientras piensas intensamente en la cualidad, la virtud o la actitud que desees integrar en ti. Durante la espiración, siente con gratitud la trasformación, la liberación que permite la implantación de nuevos esquemas de pensamiento. De este modo, dirigirás tu subconsciente de manera gradual hacia el cambio inspirado por tu supraconsciente, aumakua, y decidido por tu consciente, uhane.

Cuando te hayas limpiado, los verdaderos cambios se reflejarán exteriormente. La manera de sanar a los demás, a tus espejos, consiste en sanarte a ti mismo. Aceptando vivir el perdón, integrarlo en tu vida cotidiana, trasformas la dinámica que sostiene tu relación con los demás. Y te libras asimismo del sufrimiento vinculado al resentimiento. ¡Qué regalo tan maravilloso te haces!

3. Un ejemplo de Ho'oponopono en grupo.

Me han solicitado que inicie reuniones de Ho'oponopono para aumentar y acelerar la limpieza. Me he comprometido a hacerlo con una reunión mensual de hora y media. La difusión de esta reunión se hace principalmente por correo electrónico y de boca en boca, lo cual atrae regularmente a nuevos participantes. La mayoría de ellos no tienen formación alguna sobre el Huna. Además, antes de cada encuentro, dedico treinta minutos a reunirme con los nuevos miembros del mes en curso para hablar del Ho'oponopono. Los antiguos miembros se incorporan después para la reunión de hora y media.

Las sincronicidades que se producen en las semanas precedentes me aclaran la elección de una temática. Aquellos que manifiestan su interés por participar reciben un correo electrónico con un texto breve que les indica el tema de la próxima limpieza. En el anexo 1 encontrarás un ejemplo. Empezamos cada encuentro investigando en la temática para descubrir nuevas facetas de la realidad que vivimos. La limpieza implica la trasformación de los estados mentales negativos. Todo el mundo es capaz de identificar las fuentes de interferencia en relación con el tema que se propone.

Esta toma de consciencia incita a la liberación de los esquemas de pensamiento nocivos hace que se quieran tomar medidas para liberarse de los patrones de pensamiento dañinos. Sobre la marcha, nos impregnaremos de pensamientos constructivos susceptibles de restructurar adecuadamente nuestra percepción. Por lo tanto, entraremos en la fase siguiente realizando respiraciones Ha para armonizar nuestros chacras. Inspirándonos en la afirmación sobre los chacras del capítulo 9. Iremos aportando las adaptaciones adecuadas a lo que surja del grupo.

Después, llega la meditación, durante la cual escuchamos los cantos que evocan las palabras del Ho'oponopono, «te amo, lo siento, perdóname, por favor, gracias». Alternamos el canto y la respiración Ha durante toda esta práctica. La energía creada en grupo se incrementa rápidamente y los participantes testimonian el estado de confianza y de paz que sienten tras el encuentro.

También contamos con las aportaciones de las personas que, debido a limitaciones de horario o de ubicación, contribuyen a ello a distancia. Una vez que conocen el objeto de la limpieza, crean la energía necesaria para el enfoque que necesitan pidiendo a su subconsciente que la reserve hasta la fecha fijada para el Ho'oponopono en grupo. En todo momento, durante el encuentro, dondequiera que se encuentren, no tendrán más que dedicar unos cuantos segundos a darle la consigna a su subconsciente para que unan su energía acumulada a la de los participantes del grupo. La aportación de cada persona tiene un efecto multiplicador muy potente. Así pues, la colaboración hace que una fuerza positiva en crecimiento alcance a todos los participantes, los cuales como consecuencia se trasforman a su ritmo, lo que aporta cambios en torno al grupo. *¡Toda gran trasformación comienza por pequeños cambios! ¡Cuando tiene lugar la modificación de pensamientos en grupo, podemos presenciar milagros!*

La magia del Ho'oponopono

1. La ampliación de la consciencia.

Estás preparado para acceder a tu poder ilimitado y poder así participar en la construcción de un futuro individual y colectivo extraordinario. Cada individuo que se responsabiliza y reequilibra contribuye a un cambio global, ya que estamos todos unidos por los hilos aka.

> *Somos en conjunto responsables de los pensamientos que circulan en nuestra sociedad y de las opciones que derivan de ellos. Sumemos nuestras energías y mantengamos elevada nuestra frecuencia vibratoria. Tenemos el poder de actualizar un mundo mejor. Comprometámonos con el proceso de elevar nuestra consciencia.*

Al ser testigos de desequilibrios, ya sean en entornos familiares, empresariales, nacionales o planetarios, en tanto que humanos que somos, tenemos cierta tendencia a sentirnos víctimas de todo aquello que nos parece tener fuera de control.

¿Por qué, por ejemplo, circulan tantos miedos? Porque somos receptores al miedo. En el pasado, quizás hemos estado en resonancia con un miedo intensificado por una organización religiosa o social, quizás hemos repetido ese esquema educando a nuestros hijos con múltiples reticencias fundadas en nuestros miedos, e incluso es posible que hayamos optado por nutrir nuestros miedos con nuestras diversiones. El miedo se vende muy bien. Eres tú el que decide si eres un comprador. ¿Por qué no empezar más bien a estimular las muestras de valor, de iniciativa, de colaboración?

Haz limpieza en tu vida dejándote guiar por la sabiduría de tu Ser divino. Pregúntate por los problemas que se manifiestan exteriormente. Llegarás a descubrir tu parte de responsabilidad individual y a hacer una limpieza que tendrá repercusiones a diferentes niveles. Cada persona que se responsabiliza y une a otras su voluntad de cambio contribuye a una fuerza de cambio inconmensurable. El doctor Hew Len, al revelar el reto de sanar a todos los pacientes del departamento psiquiátrico de la que era responsable, nos demuestra que *todo es posible.*

Si cada uno de nosotros desea la paz para todos y aquello que sea lo mejor para su vecino, si cada uno desea participar en la limpieza de pensamientos de un pueblo, de una empresa, de una familia, la naturaleza de sus pensamientos asociados a los de aquellos que gradualmente se despiertan, entonces determinará el futuro. Todos los medios de vida en los que reina un pensamiento constructivo son generadores de armonía y éxito. Cada persona o grupos de personas que trasforman positivamente sus pensamientos y creencias contribuyen a modificar un escenario previsible en un contexto dado para algo aún mejor.

El otro día, tuve una demostración emotiva de las últimas andanzas de una mujer que se estaba apagando apaciblemente después de haber participado en la limpieza a su manera. Esta abuelita llena de amor y de compasión había venido a verme para intercambiar el sentido de sus experiencias y poder aportar su grano de arena para acabar con la violencia contra las mujeres. Había escrito sus memorias para que las pudieran aprovechar organismos dedicados a ayudar a mujeres víctimas de abusos sexuales en sus familias.

Inspirada por el Ho'oponopono y llena de una gran paz interior, la mujer estaba preparada para sanar, a través de la energía, los recuerdos familiares que la habían marcado.

Deseando remontarse concretamente a los orígenes para impresionar a su subconsciente, encontró ayuda para ir a investigar a su lugar de nacimiento a fin de reconstruir su árbol genealógico. De este modo, pudo remontarse al primero de sus antepasados que se estableció en América. Para experimentar la impresión de actuar concretamente en su historia vital, deseaba ardientemente poner nombre a cada miembro de su familia a fin de proceder a realizar una limpieza de sus raíces, sin tener que estar enterada de los secretos familiares. Una vez cumplida su misión, se otorgó el derecho de abandonar el plano terrenal.

Ella ha colaborado en la curación de las heridas de violencia que se viven en diversas escalas, y yo también lo hago rindiéndole homenaje, pues he tenido el privilegio de conocer a esa gran alma que tanto me ha inspirado.

2. Los efectos del perdón.

A medida que te sientas liberado de los inconvenientes que jalonan el camino, pensando de manera espontánea en el perdón, te verás inmerso en un proceso de amor que condicionará tu visión de la vida. Se operará en ti una trasformación y ésta atraerá a ti una forma de gracia. Tu actitud en relación con las realidades que se te presentan hará emerger unas fuerzas interiores insospechadas. Podrás acompañar a personas en situaciones parecidas sin desfallecer, acogiendo sencillamente aquello que se presenta como una magnífica ocasión para el crecimiento… y quizás para la limpieza. Estarás siempre allá donde quieras estar, según tu plan de vida. Estando presente, sin resistirte, tendrás la inspiración que guiará tus reacciones, tus palabras y tus gestos. Tu canal se abrirá al despertar, preparándote así a la elevación.

Quinta Parte
La comunicación con tus planos de consciencia

Capítulo 11

Tu iniciación a la radiestesia, una aportación personal

He llegado a utilizar un péndulo como herramienta de comunicación con mi subconsciente, pues tenía que comprobar hasta los más pequeños detalles de todos los alimentos que deseaba ingerir. En la época en la que todavía sufría un número increíble de alergias alimentarias y también hipoglucemia, el día antes yo comprobaba la composición de los alimentos, las cantidades y la combinación de éstos que me aportarían al día siguiente la energía que necesitaba. Cada tarde planificaba las ocho «colaciones» que debían marcar mi jornada. Durante ese año, en el que tenía un seguimiento semanal, mi vida estaba hipotecada por las indigestiones, a razón de dos o tres por semana. Esos episodios se debían a mi «negligencia» a la hora de verificar los componentes de cada alimento comprado en el mercado.

La utilización de la quinesiología consistía en un test muscular que necesitaba de la participación de dos personas. Mi marido comprobaba en un músculo de uno de mis brazos mi reacción a los alimentos y a los componentes de su preparación. Este proceso era muy pesado y hacía que estuviera pendiente de él para alimentarme. Yo quería llevar una vida más fácil. Como sabía que mi subconsciente me comunicaba las respuestas positivas o negativas, me propuse encontrar una solución para preguntarle y ser totalmente autónoma.

Me procuré un péndulo a fin de explorar la radiestesia. Para poder confiar totalmente en los resultados obtenidos con la ayuda del péndulo, durante tres meses adopté los dos métodos. Seguía cada tarde comprobando los alimentos con la quinesiología, y después trascribía los resultados en papeles idénticos. Anotaba el nombre del alimento o de la composición de una receta a fin de volverlos a validar con la ayuda del péndulo. Escondía cada información, pues colocaba los papeles sobre la mesa por la parte posterior para evitar así verme influenciada por las respuestas anteriores obtenidas mediante la quinesiología. Seguía dirigiéndome del mismo modo a mi subconsciente señalando con el dedo índice cada trozo de papel, uno detrás de otro. Cada vez tenía respuesta idénticas, ya fuera por medio de la quinesiología o de la radiestesia. En realidad, en ambos casos, todo se basaba en la comunicación con mi subconsciente, el cual participaba placenteramente en esas sesiones, la cuales se dirigían esencialmente a la elección de alimentos.

Una vez curada, puesto que había establecido una buena comunicación con mi subconsciente, seguí utilizando un péndulo para preguntare sobre un gran abanico de temas. Sentía un auténtico placer en intercambiar con esta otra parte de mí que retenía tanta información. Mis respuestas eran confirmadas en el acto, a veces más tarde. No importaba, podía fiarme.

La comunicación con nuestro «Ser» divino depende de la colaboración de nuestro subconsciente, por lo que he considerado establecer un código para las respuestas que me llegaran de mi espíritu superior. Mi alegría se desbordó cuando descubrí que tenía una herramienta que me permitía establecer una conversación con mi aumakua. De ahora en adelante puedo plantear cuestiones que aportarán luz en mi trayectoria vital.

Quiero trasmitirte un procedimiento que te permitirá controlar esta herramienta con total confianza. ¡Qué recurso tan extraordinario!

Los factores del éxito

1. Respeta las etapas.

Establece el vínculo en primer lugar con tu subconsciente y después hazlo con tu Ser divino. En una primera etapa, te invito a que domines la herramienta que es el péndulo, por fases, para poder comunicarte con tu subconsciente. Tus sucesivos éxitos, repetidos en cada nivel, te indicarán cuándo pasar a pruebas más complejas para, finalmente, prepararte a abordar las preguntas dirigidas a tu supraconsciente.

2. ¡Sé enérgico!

Antes de empezar a hacer los test, cárgate de energía para tener las ideas claras. Con sólo algunos minutos de respiraciones mana podrás elevar tu nivel vibratorio.

3. Recuerda la naturaleza de tus planos de consciencia.

- **Unihipili, ese niño pequeño.**

  Tu subconsciente tiene la madurez de un niño, por lo tanto adapta a él tu enfoque. ¿Cómo motivar a un niño a comunicarse con la ayuda de un nuevo código? ¿Cómo motivarle para que participe en un juego nuevo? ¿Cómo animarle? ¿Cómo aceptar su ritmo de aprendizaje? *Sé tan buen pedagogo, tan paciente y tan positivo como un maestro de preescolar.* Auspicia el aliento, el amor incondicional, la comprensión, la paciencia y la perseverancia.

  Una de mis amigas estuvo tres meses intentando con perseverancia enseñar a su subconsciente el nuevo modo de comunicación por medio del péndulo, sin éxito aparente. Al iniciar cada sesión, repetía: «Subconsciente, te amo y me encanta trabajar contigo y con el péndulo. Cada vez tenemos más éxito, todo va viento en popa. Gracias por tu complicidad y tus esfuerzos».

  Cada subconsciente tiene su propia personalidad, y el de mi amiga se comportaba como un niño al que se le enseña a hablar.

Captaba todas las consignas sin llegar a reaccionar, hasta que una buena mañana se expresó con facilidad. ¡La perseverancia se vio recompensada!

- **Unihipili, sus emociones.**
Podría ser que tu subconsciente tiñera una respuesta a causa de emociones con él relacionadas. En ese caso, deberás cuestionar su reacción, tranquilizarle y ofrecerle mana de protección.

Es posible también que te responda sólo por complacerte. Se trata de la reacción normal de un niño que responde lo que cree que quieres escuchar. Debes, de manera comprensiva, enseñarle la importancia que tiene para ti la verdad. Pregúntale nuevamente: «¿Es eso cierto?». Aquí tienes la verificación que puedes hacer cuando creas haber recibido una respuesta dudosa: «Dame siempre respuestas justas, más que respuestas que me hagan feliz. Aprecio la verdad por entero».

- **Unihipili, su red informática.**
Tu unihipili reúne algunas de las características propias de la informática. Los recuerdos a los que accede son ilimitados. Aun así, los criterios de búsqueda deben estar bien delimitados y el lenguaje debe ser claro. Todo planteamiento interpretado en un primer nivel expresa tus pensamientos por medio de frases extremadamente sencillas. Cada palabra se toma al pie de la letra. El subconsciente no tiene capacidad para interpretar una pregunta, razonarla o hacer un juicio sobre ella. *Así pues, la exactitud de una respuesta depende de la precisión de la pregunta.* Estas consideraciones te guiarán en la manera de hacer las búsquedas que desees.

- **Aumakua, tu guía espiritual.**
Una vez que sientas que cuentas con la magnífica colaboración de tu subconsciente, pídele que acepte «ponerse en línea» con tu

aumakua con respecto a ________________ (situación o persona). Si él está de acuerdo, adelántate a clarificar el código previsto para el contacto a este nivel. El procedimiento se te explica más adelante. Tu Ser divino comprenderá el planteamiento que haces de tu evolución y el sentido de las experiencias que acompañan tu trayectoria y confirmará o invalidará la expresión de tus pensamientos. A la luz de este nuevo enfoque, contarás siempre con tu libre albedrío para ejercer tu voluntad. Es posible que necesites dirigir la energía mana a tu supraconsciente para captar la inspiración más claramente, descodificar los mensajes y validarlos.

- **El trío en acción.**
  Acepta todas las etapas de este aprendizaje y permanece abierto a él. Una vez que la comunicación esté bien establecida con cada uno de los niveles de tu trío, expresa tu punto de vista y descubrirás con sorpresa que quizás sea tu unihipili, quizás tu aumakua, quien te notifique su acuerdo o su desacuerdo. Tendrás las indicaciones precisas para captar a qué nivel de consciencia se dirigen tus preguntas y estarás en condiciones de formular adecuadamente las preguntas siguientes. Con el tiempo, estas interacciones serán cada vez más fluidas.

4. **Compromete directamente a tu subconsciente para que colabore.**

Antes de los ejercicios de aprendizaje, haz lo siguiente:

- *Incrementa tu energía* por medio de la respiración mana.
- *Desconecta* y lleva la atención a aquello que realizas. Si piensas en una cosa pero compruebas otra en voz alta, propiciarás la confusión. Vuelve sencillamente a realizar la pregunta.
- *Haz una comprobación* «de vacío». Si, por ejemplo, tienes el péndulo encima de un texto, de tu cuerpo o de un alimento, la am-

bigüedad aparece. El péndulo puede reaccionar a todo ello incluso antes de que tú le hayas formulado nada.

- *Programa de nuevo* el código adecuado a tu subconsciente, tan sólo de cara a familiarizarlo con el uso del péndulo. Repítelo una vez por sesión hasta que tenga las consignas totalmente asumidas. Este paso se explica en el siguiente apartado.
- *Comprueba la motivación* de tu subconsciente antes de cada sesión. Un niño contrariado no colabora: «¡Deseas *en este momento* comunicarte conmigo con la ayuda del péndulo? ¿Sobre este tema? ¿Sobre este otro? ¿Te interesa este juego? ¿Y esta actividad? Ya verás, ¡es apasionante!». Posteriormente encontrarás algunas sugerencias. «¿Necesitas una mayor protección?». Si la respuesta es positiva, puedes crear el mana de protección o proceder a tu manera. Mi subconsciente exige con frecuencia un plus de protección cuando evalúo informaciones acerca del subconsciente de otras personas.
- Dale calurosamente las *gracias* después de cada una de las respuestas. No importa en absoluto que la manifestación provenga de tu aumakua o de tu unihipili, siempre pasa por tu subconsciente. Por mi parte, cuando le doy las gracias, percibo que se prepara de inmediato a colaborar en la pregunta siguiente. Como un niño pequeño, necesita que le des ánimo. «Dar las gracias es un estado de ánimo que denota la gratitud, la humildad y el reconocimiento de la participación de cada uno» (Gagnon-Haslam, 2008, p. 132). Se trata de una vibración que activa el chacra del corazón.

5. Sigue un diario.

- Si anotas todo, podrás comprender las diferencias que revelan el *léxico* utilizado en la «misma» pregunta de una vez a otra.
- Analiza el alcance de las palabras sin dejar de interpretar ninguna.
- Al igual que en las peticiones, evita emplear negaciones.
- Prepara con tiempo la formulación de las preguntas, atendiendo a la claridad, precisión, matices y estructura de las frases.

- Formula preguntas sencillas. Para cada variable formula una pregunta nueva.
- Si tienes criterios diversos, colócalos según la importancia que tú les des y especifícaselo claramente a tu subconsciente.
- Anota las respuestas y compáralas con los resultados de las otras sesiones.

6. Aclara los plazos temporales.

Tienes acceso a informaciones concernientes al pasado, al presente y a la parte del *futuro probable*, ya programadas por *tus* pensamientos formados. El futuro expresa la tendencia prevista siempre y cuando crees las mismas formas de pensamiento. Cuanto más cercano esté ese futuro, más establecido está el pensamiento. Del mismo modo que siempre ostentas el libre albedrío sobe tu vida, siempre tienes el poder de modificar la parte del futuro ya programada por tus formas de pensamiento.

¡Atención! Si te viene en mente probar la presencia de una enfermedad, debes tener mucho cuidado. La falta de conocimientos y calificación adecuada para interpretar datos médicos puede provocar daños producidos por errores de interpretación. Por otro lado, la enfermedad se manifiesta en el «mantillo» de tus pensamientos, mucho antes de verificarla concretamente.

La elección del péndulo

1. La fabricación de un péndulo provisional.

Si estás preparado para seguir tu lectura y probar pequeñas experiencias para ver funcionar un péndulo antes incluso de haber programado tu subconsciente para utilizarlo, puedes improvisar un péndulo provisional.

- Prepara una aguja de coser, hilo y papel de aluminio. Enhebra la aguja con hilo doble y prevé aproximadamente unos diez milímetros más para un posible nudo. Corta una tira larga de papel de aluminio con un ancho aproximado de tres milímetros menos que la longitud de la aguja. Enrolla el aluminio en torno a la aguja dejando unos tres milímetros en la punta. Añade más capas de papel de aluminio para aumentar el peso, según sea necesario. ¡Ya tienes un péndulo de prueba!

- También puedes, en determinadas circunstancias, utilizar un péndulo a partir de recuperar un colgante, un cascabel, una piedra o abalorio de un collar. Siempre que tengas la posibilidad de sujetar una pieza que pese a un hilo, puedes crear esta herramienta. Ello te permitirá familiarizarte con el utensilio y saber de antemano qué cosas debes tener en cuenta antes de comprarte un péndulo.

2. La compra del péndulo.

Antes de procurarte un péndulo, haz pruebas para determinar cuál te irá mejor. Cuando vayas a comprarlo, ten en cuenta diversos aspectos en función del uso que desees darle, a menos que te sientas irresistiblemente atraído por un determinado modelo. Si éste es el caso, sigue tu intuición.

- **El peso.**

  Con un péndulo más pesado apreciarás mejor el movimiento que buscas practicar, sin ni siquiera tener que mirarlo. Eso es lo que yo busco cuando quiero ser discreta y hacer las pruebas en público. En el restaurante, por ejemplo, compruebo debajo de la mesa los diferentes menús que ofrecen con mucha más claridad en las respuestas. Sin embargo, considero muy incómodo cargar mis bolsillos con un péndulo que pese demasiado.

- **La forma.**

  Es una cuestión de gusto. Pero yo recomiendo procurar que tengan una forma bien puntiaguda para poder señalar las respuestas de un modo preciso. Siguiendo el desplazamiento de la punta percibirás más matices. Trazando círculos concéntricos a un centímetro de distancia alrededor de un punto central, podrás captar más claramente la sutilidad del movimiento. Puesto que la punta puede llegar a agujerearte los bolsillos, cómprate un estuche protector.

- **El material del hilo.**
  Personalmente, puesto que soy «hiperactiva» con mis péndulos, he comprobado que todos los que tenían una cadena de metal se rompen con la continua fricción, a menos que los eslabones estén bien soldados. Los hilos hechos con pequeñas bolas de metal, como las de las cadenas de los tapones de los lavabos, son mucho más resistentes. Otros materiales, como el nilón o la cuerda, tienen la ventaja de que pueden ser reemplazarlos fácilmente.

- **La longitud del hilo.**
  Cuánto más largo es el hilo mayor es el riesgo de que se enrede. Con un hilo largo, tarda más en iniciarse el movimiento, pero toma más envergadura, lo cual facilita la lectura. Para determinar la longitud ideal, busca una postura cómoda para hacer los test, de modo que apoyando el codo sobre una mesa o sobre un apoyabrazos encuentres una altura que te sea cómoda. Por mi parte, creo que la longitud adecuada es de unos doce centímetros.

- **La sujeción.**
  Es también una cuestión de preferencia. A mí me gusta manejar el péndulo con una anilla de ésas de llavero, pero también me va bien un nudo o una bola. Busca aquello que te sea más cómodo para sostener con tu mano dominante entre el pulgar y el índice, o entre el pulgar y el corazón.

No importa el tipo de péndulo que uses, la respuesta será *siempre la misma.* Haz pruebas.

3. Pruebas preliminares.

Seguramente tendrás curiosidad por ver cómo se mueve el péndulo. Siéntate cómodamente, apoyando bien los codos. Deberás comprobar siempre el objeto de tu interés en un lugar despejado para evitar confusiones. Preséntale el «juego» a tu unihipili invitándole a activar el péndulo a su modo: «Hazlo como te convenga, déjate llevar. Más adelante acordaremos un código».

Sin pensar en interpretaciones, simplemente *observa* si se dan movimientos diferentes comparando dos situaciones, *sin cuestionar ni pensar en nada.* Aquí tienes algunos ejemplos:

- Apoya el codo de tu brazo dominante en una superficie y abre la mano con la palma hacia arriba; sostén el péndulo debajo de la mano abierta y espera que se inicie algún movimiento. Observa la forma por pequeña que sea. Manteniendo el péndulo en el mismo lugar, gira la mano y constata que el movimiento sea el mismo.
- Mantén en péndulo por encima de la rodilla izquierda y percibe el efecto antes de repetir la experiencia en el lado derecho. ¿Sucede lo mismo en ambos lados?
- Coloca el péndulo en el aire y concentra tu atención en diferentes órganos de tu cuerpo, de uno en uno, para ver la reacción.
- Busca un imán suficientemente grande y comprueba el movimiento del péndulo sobe cada extremidad. Puedes hacer lo mismo con una pila.
- Etcétera.

¿Has visto algún desplazamiento? ¡Es el principio! Si no, la próxima vez será la buena. La respuesta observada no es importante de momento. Los diferentes órganos, al igual que ciertos puntos determinados del cuerpo, responden positiva o negativamente según su emplazamiento o función, pero ése no es el objetivo de la experiencia. El ejercicio presentado pretende esencialmente agradarte, observando las diferencias del movimiento sin cuestionamientos ni interpretaciones. Tu subconsciente se dispondrá a colaborar gradualmente contigo, sobre todo si tú le animas con tu entusiasmo y perseverancia.

La programación de tu código de comunicación

1. La elección de un código.

Tú no programas el péndulo, *programas tu subconsciente* para utilizar un código de comunicación para que te trasmita su mensaje o el de tu supraconsciente. Como recordarás, tu unihipili sirve de intermediario entre tu aumakua y tú, por lo que debes usar un código que tu subconsciente controle perfectamente y que prevea una manifestación para los mensajes que emanan de tu Ser divino.

Las diferentes obras que he consultado sobre radiestesia proponen códigos diferentes de los que he utilizado. Podría hacerse una analogía con las diferentes lenguas que se emplean en el mundo para expresar los mismos conceptos. Se trata de códigos comunicativos que están adaptados para comprenderse. Es posible que tú hayas iniciado anteriormente a tu subconsciente en un código diferente al que presento. Si lo deseas, puedes conservarlo para evitar confusiones. En general, solamente se establece la correspondencia del sí y el no. Para ampliar el abanico de posibles respuestas, explora otros movimientos con tu péndulo. En ese caso, te invito a hacer una programación con los añadidos que desees aportar inspirándote en las indicaciones que siguen.

Yo he elegido mi propio código añadiendo otras opciones además del sí y del no del subconsciente a fin de contar con más matices. De este modo he podido acceder a los mensajes de mi aumakua, captar las dudas como invitaciones a reformular mi pregunta, comprender por qué había negativas a las respuestas, etc. Finalmente, las variaciones de intensidad y envergadura de movimiento me parecían una baza muy interesante para la interpretación de las respuestas. Por todas estas consideraciones, he optado por desarrollar mi propio peritaje radiestésico.

He aquí cómo he llegado a establecer mis opciones. Yo necesitaba que el movimiento del sí fuera muy diferente al del no para poder comprobar los menús bajo la mesa del restaurante sin mirar mi péndulo. De modo que opté por un movimiento giratorio para la palabra *sí,* que evocaba la «o» (la o de *oui,* en el francés original de esta obra) y por un movimiento lineal, que recordaba al movimiento de cabeza asociado a dar una negativa, para el *no,* como consignas base. Estos dos códigos siempre se manifiestan de la misma manera, y en mi diálogo con mi unihipili, la dirección iba en el sentido de las agujas del reloj para el sí y de ida y vuelta de manera perpendicular a mi brazo para el no. Esto me hizo pensar que una vez bien dominado sobre el plano del subconsciente, el uso de la radiestesia me permitiría dialogar con mi supraconsciente. He planificado con mi *uni* que cuando mi aumakua desee intervenir, no tendrá más que manifestar un sí en el sentido de las agujas del reloj y un no lineal en la dirección de mi brazo. Ésa fue mi programación de salida.

Partiendo de cientos de horas de prácticas de quinesiología para elegir alimentos, había establecido claramente una gran complicidad con mi subconsciente, el cual se prestaba no obstante con timidez al «nuevo juego», que consistía en expresarse mucho más. Al principio, la intensidad del movimiento del péndulo era tan débil que tenía dificultad para discernir un movimiento circular de uno lineal. Tuve que trazar unos círculos concéntricos para poder captar la dirección del péndulo. Después, le insistí a mi subconsciente: «*Respuesta clara,* por favor», lo que provocó una clara mejora en cuanto a velocidad y amplitud de movimiento. Durante tres meses validé todo según los dos métodos de comunicación, utilizando la información escrita en los papeles que colocaba boca abajo para no dejarme influenciar por las respuestas. No tenía más que sostener mi péndulo sobre cada papel mientras hacía mentalmente diversas preguntas. Éstas, en cuanto a los alimentos testados, eran siempre idénticas.

Descubrí todas las posibilidades que me ofrecía el uso del péndulo y llegué a explorar otros sistemas de comunicación por el simple placer de experimentar.

2. Ejercicio de programación.

El siguiente ejercicio está concebido para validar la integración del código establecido con tu unihipili. Te aconsejo repetir cada día las frases entrecomilladas, durante algunos días, hasta que tu subconsciente responda correctamente a cada una de las consignas correspondientes. En cuanto la programación planificada en vistas a comunicarte posteriormente con tu Ser divino, ocúpate simplemente de informarle de lo que hay previsto.

Antes de poder explorar el diálogo con tu aumakua, debes controlar totalmente el utensilio de comunicación con el intermediario que es tu subconsciente. Las confirmaciones tangibles en el acto son a ese nivel menos evidentes.

Al principio, antes de emprender una sesión de radiestesia, te invito a que empieces así: «Subconsciente, manifiesta con *claridad* nuestro código *sí,* nuestro código *no,* nuestro código *indiscreción* y nuestro código *sin respuesta.* Gracias». Así tendrás la confirmación de que el código está bien integrado.

La programación del código

1. SÍ.

«Subconsciente, a partir de ahora voy a comunicarme contigo con la ayuda del péndulo. Voy a hacerte preguntas o a realizar afirmaciones. Cuando tú quieras responderme afirmativamente, o sea sí, o cuando estés de acuerdo con mis afirmaciones, haz lo siguiente»:

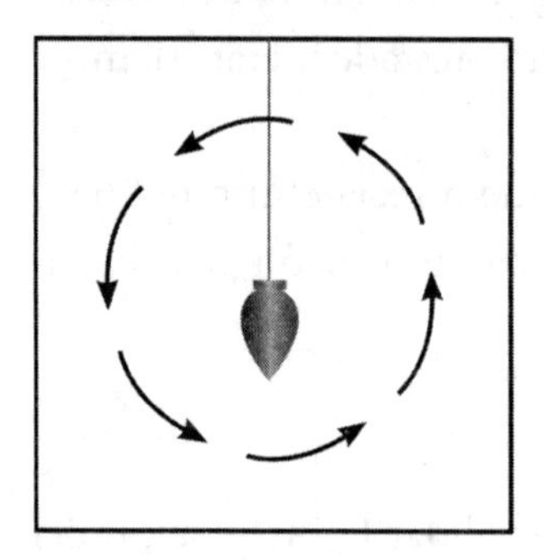

El SÍ de tu subconsciente

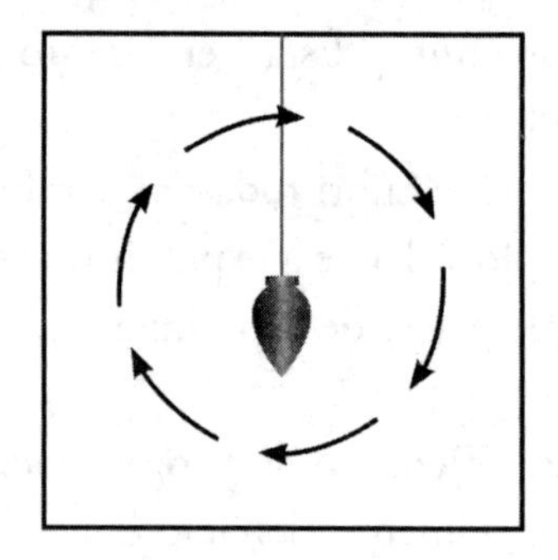

El SÍ de tu Ser divino

- Haz un gesto exagerado con el brazo, como dibujando.
- «Ahora, manifiesta con claridad nuestro código SÍ».
- Espera a que tu subconsciente lo ilustre lo más claramente posible.
- «Gracias».

2. NO.

«Subconsciente, a partir de ahora voy a comunicarme contigo con la ayuda del péndulo. Voy a hacerte preguntas o a realizar afirmaciones. Cuando quieras responderme negativamente, o sea no, o cuando estés en desacuerdo con mis afirmaciones, haz lo siguiente»:

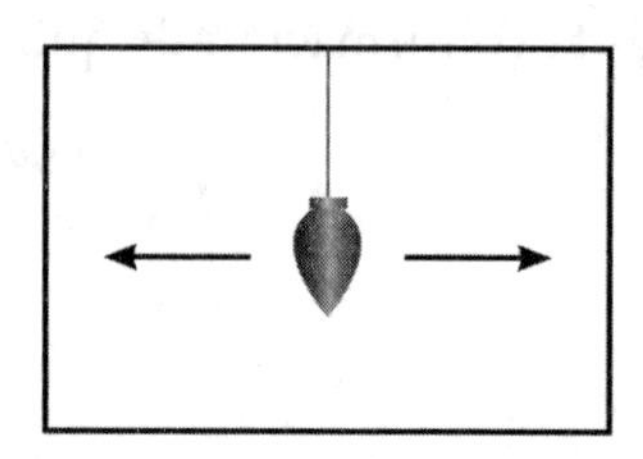

EL NO de tu subconsciente
(Perpendicular al brazo)

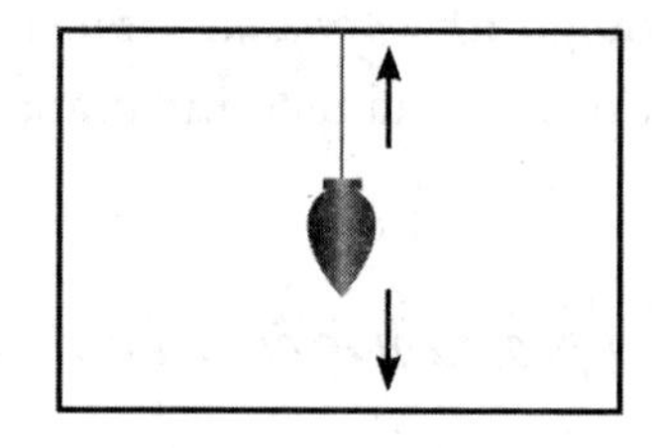

El NO de tu Ser divino
(Paralelo al brazo)

- Haz un gesto exagerado con el brazo, como dibujando.
- «Ahora, manifiesta con claridad nuestro código NO».
- Espera a que tu subconsciente lo ilustre lo más claramente posible.
- «Gracias».

3. INDISCRECIÓN.

Este código se refiere a preguntas que no te interesan en absoluto. Si, por ejemplo, realizas preguntas sobre una persona sin su acuerdo consciente o cuando deseas saber una respuesta que podría dañar a tu trayectoria, se manifestará este código. Puesto que tu subconsciente no tiene capacidad para realizar juicios, esta evaluación corresponde tu Ser divino, el cual se manifestará en tiempo y lugar sobre el hecho para el que el código se ha previsto y anunciado.

«Subconsciente, a partir de ahora, voy a comunicarme contigo con la ayuda del péndulo. Voy a hacerte preguntas o a realizar afirmaciones. Subconsciente, cuando te pida informaciones personales sobre alguien sin su acuerdo consciente, permite que mi aumakua manifieste nuestro código INDISCRECIÓN. Subconsciente, cuando mis preguntas o mis afirmaciones sean indiscretas, según mi aumakua, respóndeme así»:

- Haz un gesto exagerado en forma de estrella.
- «Ahora, manifiesta nuestro código INDISCRECIÓN de manera muy clara».
- Espera a que tu subconsciente lo ilustre con claridad.
- «Gracias».

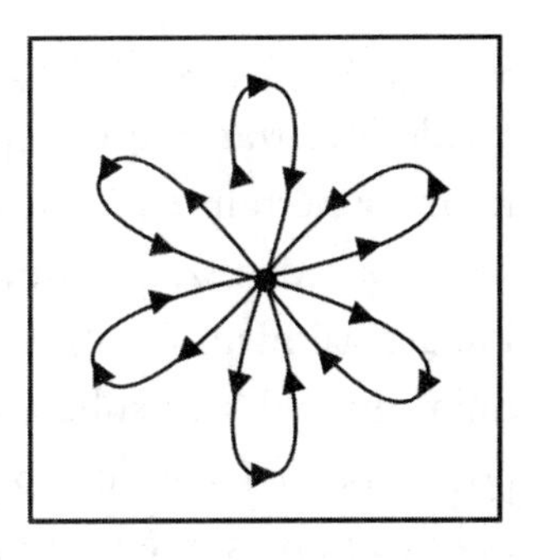

4. SIN RESPUESTA.

«Subconsciente, a partir de ahora quiero comunicarme contigo con la ayuda del péndulo. Voy a hacerte preguntas o a realizar afirmaciones. Subconsciente, cuando no estés capacitado para contestarme, ya sea por un formulación inapropiada, porque se refieran a informaciones inexistentes o por cualquier otra razón, manifiéstate permaneciendo INMÓVIL».

- Coloca tu péndulo en posición de inmovilidad.
- «Gracias».

En algunos casos, la respuesta puede ser ambigua. Es el caso de las formas ovales. Cuando el óvalo parece más bien una forma circular, debe entenderse «sí, pero...». Cuando el óvalo es verdaderamente alargado, la respuesta es «no, pero...». Se trata de una invitación a reformular la pregunta hasta que, una vez precisada, lleve a una respuesta ciertamente clara.

Sí, pero... No, pero...

* *Algunas herramientas prácticas.*

Puedes realizar todo tu planteamiento mentalmente, sin utilizar ninguna herramienta. No tienes más que formular preguntas sencillas, una cada vez, a las que tu *uni* responderá con un sí o con un no. Puedes asimismo realizar afirmaciones mientras sostienes el péndulo inmóvil y tu subconsciente confirmará o invalidará tus datos poco a poco. Cuando expreses una idea en voz alta, la reacción tendrá lugar antes que la emitas, pues la respuesta está asociada de antemano al pensamiento que circula en tu espíritu, de ahí la importancia de tener el espíritu libre cuando haces la prueba. Si mientras realizas la prueba, un pensamiento parásito circula por tu cabeza, la respuesta será confusa. Comienza por centrarte totalmente en lo que estás haciendo.

* *Las cartas.*

La utilización de cartas facilita enormemente las búsquedas o peticiones. Así, por ejemplo, cuando se trata de evaluar una cantidad o un porcentaje, unas cartas adecuadas te permitirán ahorrar mucho tiempo.

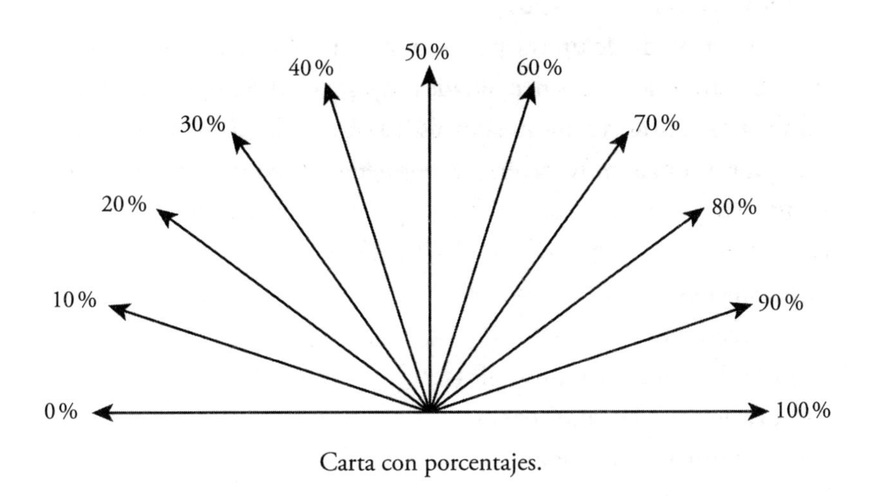

Carta con porcentajes.

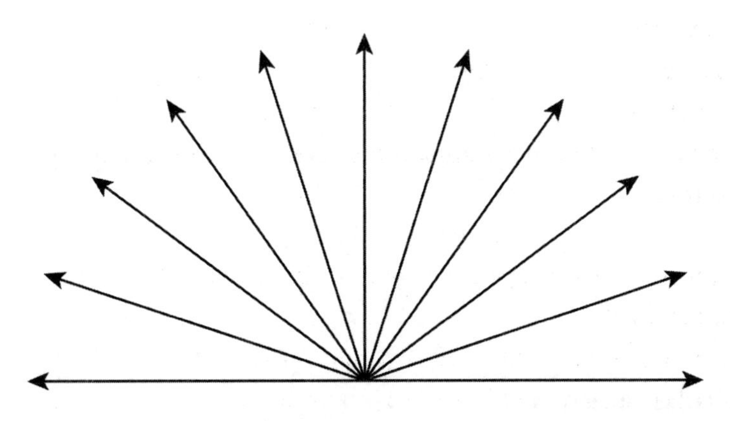

Carta virgen para que la completes según tus necesidades.

Con la ayuda de este tipo de cartas todo se verifica en cuestión de segundos, siempre que la pregunta realizada se corresponda con las respuestas inscritas. Coloca el péndulo en el centro, en posición inmóvil, sobre la línea de la base y encima de donde convergen todos los radios, el punto del eje. Tras realizar tu pregunta, el péndulo se colocará por sí mismo sobre el nombre, sobre el porcentaje o sobre la información que buscas.

Con la ayuda de un trasportador de ángulos, construye las cartas que corresponden a tus necesidades. Ajusta el número de casillas disponibles a la utilización que desees. El objeto de tus búsquedas puede llevar a temas muy diversos. Se pueden encontrar datos relacionados con:

1) nombres
2) porcentajes
3) predicciones meteorológicas
4) ocasiones a las que acogerse
5) herramientas de evolución
6) causas posibles
7) variedad de flores
8) números de modelos
9) chacras
10) horas

A partir de tu planteamiento, tu creatividad será la que guíe tus pesquisas.

Las tablas

Entradas sucesivas.

Las tablas permiten guardar rastros que pueden ser utilizados de nuevo. Así por ejemplo, para evitar tener que hacer una limpieza global en profundidad y valorar la casa frente a futuros compradores, yo empleé el tipo de tablas que aquí expongo. Esto me ha permitido determinar por orden las prioridades de los potenciales compradores de mi casa. En el ejercicio 17 muestro cómo integro el uso del péndulo en este caso.

Si bien en Internet se encuentran muchos datos disponibles acerca de la compra de una vivienda, puedes asimismo realizar una tabla semejante para una casa eventual a fin de determinar si tal miembro de la familia, o tú mismo, apreciarías tal criterio, como el tiempo de desplazamiento entre la casa y el trabajo, la facilidad para limpiar la nieve, datos sobre las edades de los niños del barrio, sobre el trasporte escolar, etc. También los bienes y servicios pueden ser objeto de una búsqueda, con un fin honesto, claro está. Si la intención no queda clara, las respuestas serán confusas o aparecerá el signo en forma de estrella asociado a la indiscreción. *Una mala utilización te acarreará una energía negativa.*

Antes de realizar preguntas que impliquen a otras personas, pide siempre permiso a tu aumakua.

Tabla 14

La venta de una casa

Criterios prioritarios de potenciales compradores / Fecha prevista visita Informe del agente de los compradores	6-Enero, 2010, 17 h. Re/max. M. Leblanc	8 Enero, 2010, 10 h. Sutton, Mme. Ménard	15 Enero, 2010, 14 h. Mme. Marie Raby	19 Enero, 2010, 11 h. La Capitale, M. Major VENDU
Compradores serios	Sí	No	Sí	Sí
ENTORNO	1	—		1
Ciudad, barrio, calle	1			
Trasporte público				1 Proximidad
Servicios				1 Proximidad
ZONA EXTERIOR	3	—		2
Dimensión del terreno				
Condiciones del terreno (diseño, piscina, zona de juegos, jardín, etc.)	3 Zona de juegos			2 Diseño, jardín
Estacionamiento				
Materiales, tejas				
INTERIOR VIVIENDA	2	—	1 y 3	3
Calefacción			1	
Climatización			1	
Insolación (horas de sol)			1	
Aislamiento				
Piezas más importantes (salón, comedor, cocina, baños, dormitorios, despacho, salita, estudio, sótano, garage, etc.)	2 Estudio		3	3 Comedor, cocina
Criterios (dimensiones, distribución, cantidad, etc.)	2 Distribución		Número	3 Dimensiones
Ordenación	2			
Estado general (año de construcción, renovaciones, etc.)			2	
1. Criterio más relevante para el comprador				

Doble elección en movimiento lateral.
En la primera tabla de doble elección, coloca el péndulo inmóvil, en el centro y entre las dos casillas que corresponden a una posible respuesta. Se orientará más bien hacia la izquierda o más bien hacia la derecha.

Tabla 15
Movimiento lateral

BIEN	MAL
POSITIVO	NEGATIVO
FÁCIL	DIFÍCIL
DE ACUERDO	EN DESACUERDO
SÍ	NO
ANTES	DESPUÉS
MÁS	MENOS
BUENO	PERJUDICIAL
CLARO	CONFUSO

Elecciones múltiples en movimiento angular.
Coloca tu punto de salida en el centro, fuera de las casillas. El posicionamiento sobre una sola casilla te indicará la respuesta.

Tabla 16
Movimiento angular

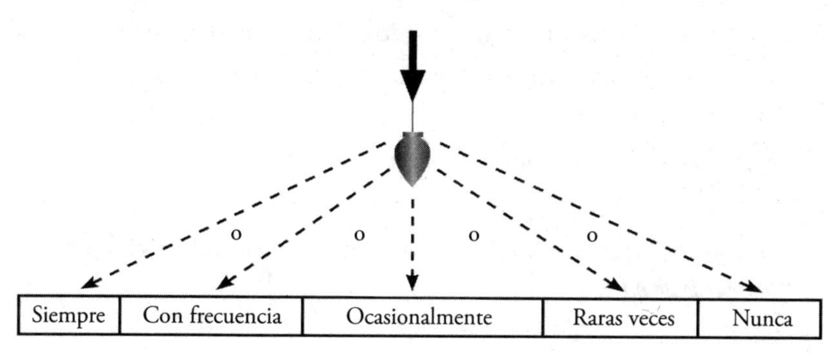

El scan

Cuando busques una respuesta en un texto de algunas páginas, utiliza el dedo índice de tu mano no dominante como *scan.* Sin tener que leer lo que sea, pásalo lentamente por cada página después de haber realizado la pregunta. Pide a tu subconsciente que no manifieste firmemente tu código hasta que tu dedo no esté colocado sobre la información buscada. Podrás ver incluso la dirección que toma antes de colocarse en el lugar adecuado.

La práctica en tres etapas.
Éste es un entrenamiento en el que inicias a tu subconsciente a colaborar contigo, con tu consciencia. Quédate sólo con las experiencias que te motivan. Si sientes placer, también lo hará tu subconsciente. Personalmente, las horas que he invertido en integrar la radiestesia me han permitido establecer una buena comunicación con mi subconsciente, concediéndole importancia, estando a su escucha y agradeciéndole cada una de sus respuestas.

Los ejercicios propuestos se presentan en forma de actividades, unas veces lúdicas y otras prácticas, concebidos para permitirte llegar a controlar por completo esa *herramienta* que es el péndulo. Para pasar de una etapa a otra, debes esperar tener un éxito del 100 por 100 en el tipo de actividades elegidas a fin de poder confiar plenamente en los resultados. En cada categoría, te propongo diversas posibilidades. En todo momento puedes elegir entre modificar o ampliar esta lista según tu inspiración, mientras que los ejercicios retenidos señalan la misma categoría de experimentación.

1. *Ejercicios de integración del código establecido.*

Objetivo: Verificar las informaciones ya conocidas para asegurarte de que tu subconsciente ha integrado bien el código.

Inmoviliza el péndulo en posición de salida y haz las afirmaciones, ya sean reales o falsas, a fin de comprobar que el código pactado con tu pequeño *uni* está bien asimilado. Observa si el movimiento del péndulo es tímido o dinámico durante tus enunciados. ¡Paciencia! Dale tiempo para que reaccione. Sonríe. ¡Funciona! Anima a tu subconsciente a que se exprese valorando sus éxitos, aunque no se hayan manifestado aún. Si un ejercicio te desagrada, es casi seguro que produce el mismo efecto en tu subconsciente. ¡Cambia! Innova respetando el objetivo.

1. El código propiamente dicho.
   «Dame un sí bien claro, por favor. Ahora dame un no bien claro, gracias».
2. La nacionalidad.
   Partiendo de una lista de nombres conocidos o según tu inspiración, di: «X es una persona de tal nacionalidad. Gracias».
3. La fecha de nacimiento.
   Partiendo de una lista de nombres y de otra lista con la fecha de sus nacimientos, contrasta si las asociaciones con correctas o erróneas: «La edad o fecha de nacimiento de X es ______________.
   Gracias».
4. La residencia.
   Partiendo de una lista de domicilios de informaciones sabidas, di: «El domicilio de X es ______________. Gracias».
5. La localización.
   Teniendo en cuenta tu posición en un lugar determinado, di: «Delante de mí veo ______________, a mi izquierda se encuentra ______________. Gracias».
6. La sujeción.
   En la mesa, delante de tu escritorio, frente a un armario de la cocina o en el cuarto de baño, aprovecha la ocasión para divertirte un poco: «Estoy sujetando ______________ en mi mano. Gracias».

7. El alfabeto.
   Elige cualquier letra del abecedario y di: «Tal letra precede a tal otra; esta letra la sigue, ésta la precede. Gracias».
8. Los números.
   Con referencia a los números, multiplica las posibilidades del juego variando tus afirmaciones después de una gran variedad de criterios muy precisos: el precedente, el siguiente, el mayor, el más pequeño, el divisible, el doble, el múltiple, el par el impar, etc. «Gracias».
9. El listín telefónico.
   Abriendo el listín telefónico de empresas y servicios, mira una información y afirma: «Tal empresa está clasificada como tal firma, tal comercio está en tal página. Gracias».
10. El atlas.
    Con un mapa delante, di: «Existe tal ciudad de tal nombre en tal país. Gracias». (¡Cuidado, existe un París en Estados Unidos!).
11. Cara o cruz.
    Con una moneda bien visible di: «La moneda está de cara, la moneda está de cruz. Gracias».
12. Suma total.
    Con unas monedas en el bolsillo, di: «Me quedan ______ euros. Gracias».
13. Etcétera.

2. Ejercicios con confirmación inmediata.

Objetivo: Comprobar las informaciones desconocidas pero rápidamente verificables a fin de confirmar tu respuesta sin influir en tu subconsciente.

1. Agenda de direcciones.
   Con tu agenda de direcciones cerrada, afirma: «El número del código postal de X contiene tal cifra y tal letra. Gracias».

2. El listín telefónico.
   Con la ayuda del listín telefónico cerrado, di: «El número de teléfono de X contiene tal cifra». Y para que el ejercicio sea más complejo, añade: «En tal posición. Gracias».
3. Cara o cruz.
   ¿Por qué no invitas a tu subconsciente a que juegue contigo a cara o cruz con una moneda? Haz la afirmación antes de la verificación y anota los éxitos para medir el progreso que experimentas de una vez a otra.
4. El juego de cartas.
   Si eres aficionado a las cartas, coloca boca abajo la baraja y adivina: «Los colores de esta carta son el rojo y el negro y tiene tal figura: picas, corazones, tréboles o ases. Gracias». Compara el porcentaje de resultados positivos de una a otra vez.
5. El diccionario.
   Con el diccionario cerrado, comprueba la ortografía de una palabra, el género, etc.
6. El atlas.
   Consigue un mapa para asociar países y ciudades. Pide a alguien que haga las preguntas. Responde tú «pendulando».
7. La caza del tesoro.
   Si tienes alguien que te ayude, pídele que esconda un objeto que hayas identificado previamente y ¡empieza la busca del tesoro! «El objeto buscado se encuentra en tal piso, en tal habitación, debo ir a tal dirección, busca más arriba. Gracias».
8. Las etiquetas.
   Las etiquetas de los alimentos son una fuente inagotable de ejercicios, en cuanto a precio de venta, fecha de caducidad, contenido, datos nutricionales, calorías, etc.
9. Los vasos.
   Los «quinesiólogos» llenarán los vasos con productos incoloros diversos, los etiquetarán por debajo y los colocarán para ser identificados. Algunos productos inodoros y solubles harán el resto.

10. Los contenedores.

    Con platos de plástico de diversas formas, calcula la capacidad de cada uno de ellos y comprueba tus respuestas con la ayuda de un vaso medidor. Desarrollarás la habilidad de identificar rápidamente los contenedores para colocar tus compras a granel.

11. Unidades de medición.

    Examina diferentes unidades de medición a comprobar según tus intereses y verás la eficacia de este preciso utensilio. Así por ejemplo, en costura o en carpintería, comprueba si cuentas con suficiente material para un determinado proyecto o la manera de colocar las piezas para el corte, o bien calcula las medidas de las pesas con la ayuda del péndulo antes de hacer la comprobación, etc.

12. Las recetas.

    ¿Te gusta preparar platillos deliciosos? Rehaz una receta que te haya gustado en un restaurante a partir de los detalles que hayas retenido: comprueba con tu subconsciente el número de ingredientes necesarios, pregunta si los tienes en tu cocina y a disposición, en el armario o en el frigorífico; comprueba el número de ingredientes requeridos en tu receta y su posición por estantes. Los encontrarás. En una segunda parte, descubre las cantidades que se necesitan para un determinado número de raciones y comprueba las operaciones a realizar (cómo hacerlo, en qué orden, etc.). ¡Toma nota y lánzate! Estarás encantado de haberte atrevido a confiar en ti mismo.

13. La caja de contadores de la luz.

    Delante de la caja de contadores de casa, para identificar cada cosa, afirma: «Tal habitación de la casa está alimentada por tal fusible, Gracias». La información es fácil y rápida de comprobar.

14. La ropa de vestir.

    Cómprate ropa con ayuda de la radiestesia y ahorrarás mucho tiempo. Yo, por ejemplo, selecciono diez piezas que me interesan y no hago más que dos pruebas. La primera es para la talla, y que entra en la categoría de pruebas con confirmación inmediata; mientras que la segunda se refiere a una proyección que se confirma siempre con el tiempo: «¿Qué es lo que me pongo con más frecuencia?». A veces, ajusto las preguntas para que coordine la compra con las cosas que yo tengo en cuanto a colores, formas, etc. ¡El resultado es sorprendente! Al principio valorarás los resultados con ensayos, y después, a la larga, ya no tendrás que hacerlo.

15. El juego de asociaciones.
    Consigue juegos de asociaciones, existen muchos para niños pequeños. Tu subconsciente deberá motivarse para un enfoque lúdico. Podrás asociar dos imágenes idénticas a partir de un conjunto de piezas situadas por la cara de detrás. Anota tus progresos y felicita a tu pequeño *uni* por los resultados.
16. Los papelitos.
    La técnica de los papelitos es bastante divertida. Se basa en el hecho de que el subconsciente puede leer una información oculta. Consigue papeles pequeños y en blanco, nunca de papel reciclado ni desiguales, Al dorso anota una información con letra de imprenta; comprueba la ortografía de las palabras para evitar toda confusión, pues tu subconsciente procesa la información como un ordenador. Colócalos al revés para hacer los juegos de asociaciones (por ejemplo, lista de personas o los doce signos del Zodíaco).
17. Etcétera.

3. Ejercicios con confirmación a corto plazo.

> *Objetivo: Examinar las informaciones desconocidas más o menos comprobables en el acto.*

Anota las preguntas así como los resultados obtenidos a fin de seguir la evolución de tus progresos con el péndulo. *Está atento a la elección de las palabras, a los matices, a las precisiones y al orden de los criterios expresados al inicio.* ¡Haz sólo una pregunta a la vez y sé claro!

1. Tu respiración Ha.
   Después de una serie de respiraciones Ha, tienes la posibilidad de medir su potencia de un día a otro para comprender las variables que influyen en tu acumulación de energía. Para hacerlo, cita los utensilios presentados anteriormente. Puedes utilizar un tablero graduado del 1 al 10 precisando que, en esa escala, el 10 corresponde a un energía muy fuerte, mientras que el 1 a una más bien débil.
2. Tus creencias.
   Puedes asimismo explorar las creencias albergadas en tu espíritu subconsciente. Reformula lo que percibes. Ajusta algunos matices hasta que la confirmación sea bien clara. Así por ejemplo: «me gusta mi cuerpo», «me gusta la vitalidad de mi cuerpo», «me gusta la fuerza que tiene mi cuerpo», «me gusta el aspecto que tiene mi cuerpo», «me gusta mi cara», «me gusta mi cara maquillada», etc. Déjate inspirar por los resultados obtenidos en los cuestionarios sugeridos en el anexo.
3. El resultado de una solicitud.
   Quizás sea difícil percibir si has invertido suficiente energía en una solicitud, cuando la manifestación de un resultado se extiende durante cierto período. Comprueba qué porcentaje de energía total se ha alcanzado ya para mantenerla. «¿Del 50, del 60, del 70 por 100? ¿De un 60 a un 70 por 100? ¿De un 60 a un 65 por 100? ¿Exactamente el 61 por ciento? Gracias». Éste es el método cuando no cuentas con un listón graduado con porcentajes.
4. Los bienes y los servicios.
   Haz elecciones claras anunciando tus criterios por orden para seleccionar lo que está cerca de ti, claramente identificado, lo que más aprecias: espectáculo, conferencia, película, libro, rega-

lo, menú de restaurante, etc. Comienza por preguntar si el contacto con tal persona está bien establecido. Ajusta los datos de identificación necesarios. Tu subconsciente se pone en contacto con el subconsciente de esa persona. Comprueba si tienes permiso para conocer sus preferencias e iniciar la búsqueda respetando la vida privada de X. Poniendo cuestión, según nuevos criterios, todas las respuestas ambiguas, podrás descubrir por ejemplo que tu amigo apreciaría tal espectáculo, pero que la fecha elegida no le conviene. Acepta tan sólo las respuestas claras.

5. El GPS.

   Con un péndulo, tienes un GPS que tiene en cuenta la circulación, las obras y los atascos. Para planificar un proyecto, tu subconsciente utiliza sus «datos informatizados»; se pone en contacto con el grupo de personas que tienen intención de ir al mismo lugar, a la misma hora. Dado que se trata de una proyección muy cercana en el tiempo, las posibilidades de éxito son muy grandes. Estas predicciones podrían compararse a las meteorológicas. Si la tendencia se mantiene, la estimación a corto plazo es bastante fiable. En general, cuando quiero cruzar Montreal por la orilla sur del río en hora punta, empiezo por precisar mi punto de partida y de llegada, así como la hora a la que salgo. Después, «coloco» la pregunta siguiente: «Teniendo en cuenta el tráfico, ¿qué puente tendría que cruzar?, ¿el de Champlain?, ¿el de Jacques-Cartier?, ¿el de Mercier? Gracias». Acto seguido, «coloco» la pregunta sobre los ejes y poco a poco me voy informando de la dirección a tomar y de otros detalles. Ya estoy encarrilada hacia el buen trayecto sin tener que esperar a la información de tráfico de la radio.

6. Búsqueda de información.

   Con la ayuda del péndulo puedes tener información dirigida en una librería. Tras precisar a tu subconsciente lo que necesitas, pregúntale mentalmente: «¿Hay aquí información sobre este tema? ¿En un libro? ¿A mi derecha? ¿Recto? ¿En qué estante? ¿En aquél?

¿En el estante de arriba? ¿En el que queda más abajo?». Y a partir de un libro; «¿A la izquierda de este volumen? ¿A la derecha de este otro?», y así hasta que encuentres lo que buscas, pues tu subconsciente sabe leer. Este procedimiento puede aplicarse a otros tipos de búsqueda de información.

7. La compatibilidad entre las personas.
   ¿Por qué no comprobar la compatibilidad con alguien con el que hayas previsto compartir una experiencia? Con un compañero de viaje, por ejemplo. «Apreciaré la compañía de X en tal momento, en tal contexto, según tales criterios?».
8. La gestión de tu tiempo libre.
   Administra tu tiempo de manera eficaz. Compara los servicios que ofrecen las páginas amarillas telefónicas o Internet después de haber establecido tus criterios de manera precisa. Así por ejemplo, en vez de ir de una relojería a otra buscando una pila muy especial para mi reloj, utilizo mi péndulo para localizar, en un lista de tiendas de los alrededores, dos relojerías entre aquellas que puedan tener lo que busco. Mi segundo criterio de búsqueda me permite comparar los precios en unos instantes.
9. La compatibilidad de productos.
   La radiestesia constituye una valiosa ayuda para identificar los productos idóneos para lo que nuestro cuerpo necesita. Puesto que tu subconsciente juega un papel primordial en el mantenimiento de tu salud, está bien situado para seleccionar un jabón, un champú, un colorante o un decolorante adecuado. La consulta no revela ninguna sentencia, sino una asociación atendiendo a una búsqueda en la que funciona como un ordenador.
10. La disponibilidad.
    Antes de telefonear a alguien, identifica claramente a la persona que llega a tu unihipili y asegúrate de que éste capta la energía de esa persona. Después, verifica el mejor momento para hablar directamente con ella: «Tal día, por la mañana, por la tarde, de tal hora a tal otra, etc. Gracias».

11. La creatividad culinaria.
    Chef de cocina, tú también puedes incrementar tu creatividad. ¡Innova! Hazlo a partir de criterios precisos, establecidos de antemano y anotados según la importancia que les des: sabor buscado, alimentos de sustitución, alergias, preferencias de los clientes, dietas, salud, número de comensales, tiempo de preparación, utilización de sobras, etc. Tu subconsciente se conectará con su base de datos y colaborará placenteramente atendiendo a la fe y el entusiasmo que tú aportes.
12. La elección de alimentos.
    En la época en que sufría múltiples alergias, yo siempre comprobaba qué alimentos eran más adecuados. Precisaba «en este momento», o «en general». Enumeraba siguiendo un orden los criterios que eran más importantes para mí: «La frescura de los alimentos, la energía que me proporciona, mis preferencias en cuanto a sabores, etc. Gracias». Para hacer las pruebas nombraba el alimento o fijaba mi atención en él.
13. La jardinería.
    Para responder adecuadamente a las necesidades de tus plantas, coloca el péndulo y toma notas. Una vez más, nombra o designa cada planta mirándola y verifica la frecuencia de riego que precisa, el emplazamiento ideal, si necesita abono u otro producto, junto a qué otras plantas puede estar según unos u otros criterios, la distancia de plantación, etc.
14. La identificación de problemas mecánicos.
    A mi amiga Joyce se le estropeó el coche en la autopista que va de Montreal a Ottawa. Una vez que su coche fue remolcado de urgencia hasta un taller, decidió, por curiosidad, buscar con ayuda del péndulo las causas de la avería. Sus conocimientos de mecánica eran nulos. Mentalmente, empezó a nombrar todos los términos mecánicos que le venían en mente mientras le pedía a su subconsciente si alguno de ellos estaba asociado a la avería. El movimiento adelante y atrás le indicaba constantemen-

te que no estaba por el buen camino, hasta que ella pronunció la palabra alternador, entonces fue cuando se produjo un movimiento muy claro: el del sí. Se dirigió entonces al mecánico del taller y le propuso que comprobara la correa del alternador..., la cual estaba efectivamente rota. A partir de ese momento, Joyce confió en la utilización del péndulo.

15. La preparación de una maleta.

El placer que siento cuando hago la maleta con la ayuda de mi subconsciente no deja de sorprenderme. Ya no tengo que sobrecargar mi equipaje «por si acaso». Empiezo mostrándole el tamaño de la única maleta disponible. Le indico la fecha del viaje, el itinerario, las actividades previstas, etc. Él conoce mis gustos y yo deseo que la ropa elegida sea la adecuada.

Paso revista a mi guardarropa afirmando «Quiero tener esto en el equipaje. Gracias». Después inicio la búsqueda hasta que el péndulo expresa un No cuando me acerco a alguna prenda. De repente, el movimiento del péndulo empieza a tomar forma, y cuando señala un Sí en forma de un círculo perfecto es porque mi atención le lleva a una pieza determinada.

16. La maduración de la fruta.

Estimar la maduración de la fruta fresca me representaba con frecuencia un problema hasta que empecé a utilizar el péndulo. Cuando llego del mercado de hacer la compra, separo la fruta. Después, hago la siguiente afirmación: «Esta fruta tiene que estar un día a temperatura ambiente», y paso el péndulo por encima de cada pieza. Las respuestas afirmativas me permitirán reunir todas las frutas que necesiten el mismo período de maduración. Después, vuelvo a hacer el mismo ejercicio para determinar las que necesitan dos horas, tres horas, etc., y las coloco en la nevera hasta que llega el momento de consumirlas. De este modo puedo disfrutar de la fruta en su mejor momento y aprender con la práctica a conocerlas mejor. Ahora calibro mejor su estado de madurez.

17. La venta y la compra de un bien inmobiliario.
    He tenido que cambiar de casa más de una vez. En lo que respecta a la venta de una casa, he querido siempre evitar tener que hacer una limpieza a fondo para mostrarla a cada visita de posibles clientes. Antes de iniciar el planteamiento, comienzo a preguntar a mi aumakua si el objetivo era respetuoso y si me permitía buscar las informaciones que había preparado en el ejemplo de la tabla que hay al principio de este capítulo. Me dio su conformidad. Los resultados me indicaron en qué punto y en qué lugar debía invertir tiempo y energía para ajustar el valor de mi propiedad.
18. La evaluación de un servicio (salud, asesoramiento legal).
    A fin de tener un punto de vista eficaz y ajustado, utilizo a veces una tabla para comparar los servicios profesionales a título personal: «¿Cuál ha sido el tiempo de espera? ¿Ofrece atenciones especiales? Gracias».
19. Etcétera.

La maestría

Los éxitos repetidos en este tercer apartado de ejercicios confirman tu capacidad para utilizar el péndulo como herramienta de comunicación y te invitan a mostrarte confiado a la hora de *interrogar a tu supraconsciente.* Antes, recuerda a tu subconsciente el código de comunicación previsto para los intercambios con tu Ser divino.

Las conversaciones con tu aumakua reafirmarán todos los aspectos de tu evolución en lo que concierne a una orientación bien informada.

El péndulo como *herramienta de comunicación* te será muy útil e interesante para captar las diferentes percepciones de cada uno de tus planos de consciencia. Con el tiempo, percibirás directamente el paso de la energía y que cada vez necesitas menos confirmaciones.

Percibirás internamente las respuestas, antes incluso de que se manifiesten a través del péndulo. Esta fluidez tendrá lugar sin que se den dudas, siempre que estés bien centrado, y te permitirá liberarte de la dependencia de la herramienta.

Ese estado se va instalando en ti gradualmente, a medida que crece en ti la confianza. Es posible que, mientras algunas cosas cotidianas sigan sembrado confusión en ti, abordes con cierta distancia algunos aspectos de tu vida. Por lo tanto, apreciarás el uso del péndulo para iluminar ciertas zonas oscuras que te perturban.

Por otra parte, cuando una carga emocional oscurece tu percepción o te oculta una lección de vida, el péndulo juega muy bien su papel en cuanto a herramienta que te permitirá preguntar sobre las motivaciones de tu subconsciente y capar los mensajes de tu Ser superior a través de la experiencia que se te presenta... Comprobarás asimismo tanto tus creencias como tus intuiciones.

Yo por mi parte he experimentado tanto placer observando los impulsos de mi subconsciente cuando converso con él, con la ayuda del péndulo, que me reservo siempre algunas actividades en las que solicito su participación, lo cual le motiva enormemente. Es el caso del tema de almacenaje, actividad en la que prefiero invertir el menor tiempo posible; en el tema de los tratamientos, campo en el que soy poco experta; o cuando entro en contacto con el subconsciente o el Ser superior de otra persona. En el caso de un intercambio solicitado y acordado conscientemente por alguien, la conversación que entablo con uno u otro de sus propios planos de consciencia se hace siempre en voz alta. De este modo, la persona implicada está preparada para hacer una lectura visual de las respuestas aportadas, lo cual le permite intervenir para pedir las aclaraciones oportunas.

¡Qué magnífica herramienta para abrir las puertas de la consciencia!

Conclusión

«Quien no continúa aprendiendo es indigno que enseñe» (Bachelard, 2011).

Después de haber comunicado un cierto abanico de recursos que me han permitido la magia de evaluar mi vida, sigo experimentando el paso de las tinieblas a la claridad, pues el universo no cesa de regalarme ocasiones para evolucionar. Mi objetivo, como el de todos, es el de *elevar cada día mis frecuencias vibratorias y mantenerlas elevadas.* Me veo pues llamada a ajustar mi perspectiva de manera regular para recoger los retos que se me presentan.

Bendigo todas las ocasiones que se han creado y me han permitido hacer emerger las fuerzas. Me he equipado para proseguir mi trayectoria a través de cada una de ellas. Si uno solo de los recursos que te presento te es útil, haberte comunicado mis experiencias tendrá sentido. Hay una fuerza activa en ti, úsala y participa en tu destino. ¡En nuestro destino!

Puedes encontrarme en esta dirección: www.sylviedore.ca

Anexo 1
Ho'oponopono en grupo

Las vibraciones conjuntas de un grupo movilizado conscientemente hacia un mismo fin contribuye enormemente a trasformar cualquier experiencia. Ello motiva a las personas a reunirse para efectuar una limpieza.

En los encuentros de Ho'oponopono aporto siempre un texto que propone un tema de limpieza, algo que favorece la introspección individual como etapa preparatoria. Esta reflexión previa reactiva la consciencia de los recuerdos que has mantenido. A partir de ahora te corresponde a ti la decisión de emplear los medios para deshacerte de ellos.

Aquí tienes tres ejemplos de temáticas ya propuestas:

1. De la vulnerabilidad a la presencia

La vulnerabilidad es una percepción que produce miedo. Nuestros pensamientos oscuros crean nuestra realidad. Determine cuáles son tus miedos para buscar un antídoto. ¿De qué tienes miedo? ¿Tienes miedo de ser lastimado (PROTECCIÓN)? ¿De afirmarte (AUTENTICIDAD Y VERDAD)? ¿De ser rechazado (ACOGIDA)? ¿De hacer frente al fracaso (CONFIANZA)? ¿De ser criticado (TOLERANCIA)? ¿De cambiar (SOLTAR, AFLOJAR)? ¿De elegir (UNIDAD)? ¿De perder (ABUNDANCIA)? ¿De avanzar (VALOR)? ¿Del futuro (FE)?

La ilusión de fragilidad la mantiene el ego, que vive la angustia de la anticipación y que está llamado a confiar en sí mismo. *Todo el mundo debe generar su propia fuerza protectora limpiando las vibraciones malsanas y optando por las vibraciones que le hagan bien.* Invierte tiempo en ti mismo, disfrutarás del bienestar del momento presente.

La presencia.

La vulnerabilidad está estrechamente relacionada con la presencia. Cuando tu consciencia está presente al 100 por 100, aquí y ahora, en lo que sucede, la vigilancia del alma se activa automáticamente y asegura tu protección total.

Esto se explica por el hecho de que tú no dejas que tu subconsciente vagabundee y te aprisione. De este modo, la atención de todos sus planos de consciencia está en línea hacia arriba. En el momento presente, eres capaz de entender tus lecciones de vida sin tener que ponerte en contacto con el pasado y estarás preparado para abrirte a los nuevos esquemas que te propone tu alma. Podrás elevar tus frecuencias vibratorias cuando sientas que estás en el lugar correcto y en el momento adecuado, cuando cree un clima de relajación interior. Aborda el presente con la energía del corazón y la confianza. Cultivarás el estado de atención plena. Recuerda sin embargo que la fuerza de la luz no excluye la sombra, pero te hace más fuerte para combatir las vibraciones de baja frecuencia.

El reto actual es *mantener la elevación* estando totalmente presentes en nuestros pensamientos, nuestras elecciones, nuestras acciones, en lo que recibimos y en lo que emitimos. Tendrás numerosas oportunidades para medir tus progresos en el período de evolución presente que tiende a perturbar la atención. Sé zen. Mantente estable en un mundo inestable, permanece centrado en medio del torbellino, siéntete vivo en un aspecto del mundo que se está muriendo. Entonces, contribuirás a la reversión de las fuerzas. Practica el proceso de la presencia. Identifica todas las ocasiones de centrarte *mediante la acción.* Poco a poco, te encontrarás con un estado anímico que te aportará serenidad, paz, equilibrio y respuestas. Vivirás en el momento presente aprendiendo a apreciar plenamente qué lo constituye. Tu actitud en el caos es testigo del mantenimiento de tus vibraciones.

* *Ejemplos cotidianos para integrar LA PRESENCIA.*
Son nuestros cinco sentidos los que nos mantienen en contacto con nuestro entorno. Exploremos situaciones comunes susceptibles de activar nuestra consciencia.

Cuando comas, por ejemplo, disfruta del alimento, del sabor, de la textura, del color, de su trasformación dentro de tu boca; aprecia el *placer de comer,* visualiza el aporte de los alimentos a tu bienestar, bendice esos momentos y *da las gracias por ellos. La gratitud continua activa la presencia y conecta el ser con la energía del corazón.* Es en ese nivel en el que estás protegido.

Cuando escuches música, estate atento a las palabras, a las modulaciones de la voz, a cada uno de los instrumentos musicales, a las emociones que te producen, aprecia lo buena que es y aumenta el placer con la gratitud.

Cuando veas la televisión, *haz una elección consciente y clara.* Presta atención a la calidad de la imagen propuesta. Detente en la atmósfera, en los valores implicados, en las reflexiones suscitadas, en el vocabulario utilizado, en la calidad de la comunicación, en los efectos deseados, en la influencia puntual o acumulativa que esa «propuesta». Todo lo que se difunde tiene una intención subyacente. ¿Has reparado en ella? ¿Es eficaz, positiva o destructiva en relación con tu energía?

Cuando mires al cielo, lleva la vista más allá de lo visible y déjate impregnar por la fuerza y la belleza del universo.

Cuando te dispongas a dormir, ventila la habitación, huele el aire fresco, disfruta de su frescura. Siente la energía que te da y dedica tiempo a escuchar tu respiración. Escucha y siente la acumulación del aire en tu cuerpo, la fuerza o la suavidad de tu respiración; visualiza los beneficios de la energía que obtienes y agradece cada soplo de vida que te une a tu alma.

Cada vez que te lavas, rindes un homenaje a tu cuerpo limpiándolo con atención; armoniza esos cuidados con la consciencia de limpieza que simultáneamente se produce en ti. Bendice cada parte de tu cuerpo, agradécele sus habilidades, su vitalidad, su flexibilidad, su fuerza, los mensajes que te envía. Considera que todo es perfecto en el plan de tu vida. Siente el contacto con el agua, la revitalización de la limpieza, la dulzura de cualquier producto que te nutre la piel y, finalmente, la sensación de bienestar de sentirte limpio. ¡Gracias!

2. *La autoestima*

La autoestima se refiere al valor que uno mismo se otorga. A menudo, la gente confía en los demás para hacerse «evaluar» y cree el veredicto que éstos pronuncian.

¿A quiénes les otorgamos ese poder? ¿A personas amorosas, sabias y equilibradas? ¿A personas heridas que buscan valorizarse dañando a los demás?

¿Por qué en ocasiones uno atrae situaciones y personas que se niegan a valorarle? El problema está en uno mismo, y la solución también. Todo ello es el resultado de creencias asumidas en el pasado. Las creencias te hacen actuar de un modo que atraes aquello que *crees merecer.*

Las creencias más ancladas se albergan a partir del momento de la formación del embrión. En el útero de tu madre captas sin comprender las vibraciones que van a presidir tus inicios en la vida: las palabras, los pensamientos, las emociones, y las creencias que rodean a tu madre te son trasmitidas, así como sus propias reacciones frente a todo aquello con lo que ella ha estado en contacto.

Ha sucedido lo mismo en el momento de tu llegada al mundo con las reacciones de los que te rodeaban en tu nacimiento. El comienzo de tu desarrollo ha estado también imbuido de los pensamientos y creencias de tu entorno.

Todo ello ha contribuido ayudado a construir el «valor inicial» que has adoptado. Desde entonces, has atraído a la gente adecuada y a las circunstancias perfectas para alimentar tus creencias.

Si esta limpieza no te parece que forme parte de tu reto personal de encarnación, tu aportación al Ho'oponopono de grupo puede ayudar a purificar las energías trasmitidas en tu familia de una generación a otra, como aquellas que presiden el destino de los pueblos y de los grupos de pertenencia de los que formas parte.

¿Quién eres realmente?

Eres un destello de luz que pide expandirse. Desprendiéndote de las zonas de penumbra que te cubren, te reencontrarás con tu esencia divina y podrás brillar intensamente para iluminar nuestro mundo. Cada persona que aporta lo mejor de sí misma contribuye a la belleza del mundo. ¡Libérate de tus cadenas y revive tu nacimiento en la luz! Impresiona a tu subconsciente a tu manera para hacerle partícipe de tu nueva creencia: «¡Libre y liberado, renazco en el amor y en la alegría!».

3. *La opulencia*

La opulencia aparece en cuanto reconocemos nuestra propia valía, cuando nos sentimos dignos de recibir abundantemente. La opulencia se manifiesta concretamente en dinero disponible.

La introspección.

¿Qué relación tienes con el dinero? ¿Cómo reaccionas frente al símbolo del euro (€)?

1. Haz una introspección, céntrate en ti mismo durante varios minutos con la respiración profunda que conduce a vaciar por rarefacción gradual tus pensamientos parásitos. Está al 100 por 100 presente en ti mismo, en tu soplo de vida, rehúye cualquier vagar de la mente y alcanzarás un estadio vibratorio de consciencia plena. «Vivir el momento presente es el camino para entrar en contacto con el alma» (Gagnon-Haslam, 2008, p. 125).
2. A continuación, dejar que aumente la inspiración para sondear viejas creencias enterradas profundamente en tus recuerdos: personales, ancestrales y colectivos. Dirígete a aquello que pensaba tu padre, tu madre, tus abuelos, la gente de tu comunidad. Acoge lo que fue y lo que queda. Para alimentar tu reflexión, ve en ti mismo el efecto suscitado por la lectura de las palabras adecuadas para hacerte reaccionar, y hazlo con total sinceridad (p. 276).
3. Toma nota de todo lo que aparece sin filtro. Un pensamiento encadena otro. Escribe todas las palabras que aparecen en tu espíritu sin juicios ni críticas. Alarga el ejercicio tanto como puedas. Al principio, tu consciencia buscará determinar lo que es aceptable y, persistiendo, dejará progresivamente que sea tu subconsciente quien se exprese.
4. Esas huellas revelarán los pensamientos y creencias que tu subconsciente ha albergado con respecto al dinero.
5. La consciencia de tus esquemas de pensamientos repetidos y el primer paso hacia la trasformación y posiblemente, la trasmutación de tus creencias limitadoras.
6. Deja ya de llevar la atención repetitiva sobre la antigua creencia que has decidido trasformar e identifica la creencia opuesta. La forma de pensamiento antigua, al no seguir manteniéndose, se debilitará y podrás mantener la polaridad opuesta.

7. Invierte ahora tu energía en trasformar conscientemente tus actitudes, comportamientos y creencias saneando por medio de la experiencia tus esquemas de pensamientos antiguos. Estás en pleno proceso.
8. Haz cada día respiraciones dirigidas a la polaridad positiva que deseas integrar y pide a tu subconsciente que reserve esa energía hasta el ________________ (fecha), entre las ________________ (tiempo) y las ________________ (tiempo), momento en el que compartirás esa energía acumulada aumentando el contacto con el grupo de personas conscientemente orientadas mediante el Ho'oponopono hacia un mismo objetivo.

La motivación.

Para manifestar los resultados de manera concreta, estudia tu motivación. ¿Qué es lo que te empuja a la acción de disfrutar de libertad financiera? ¿El miedo o el deseo de crear? *Mantente presente en tus pensamientos.* ¿Cómo trasformarlos? ¿Cómo aumentarlos? El poder está en tu interior y crece con el poder de tus pensamientos dirigidos conscientemente. Haz el ejercicio de eliminar los pensamiento erróneos (BORRAR) e instala (INTRODUCIR) aquellos que elijas.

La gratitud.

La gratitud crea abundancia. Cultiva la gratitud. Sé consciente del valor de las cosas, aprecia todo, pero absolutamente todo lo que la vida te ofrece con reconocimiento y entusiasmo y dirige ese sentimiento hacia la Fuente. Es una forma excelente de vivir en el chakra de tu corazón.

«La palabra "gracias" es una puerta de entrada y conexión entre el chacra del corazón, el alma y la Fuente» (Gagnon-Haslam, 2008, p. 132). Repítela varias veces al día con gratitud. Ésa es una frecuencia que eleva. Aprecia lo que hay, sin condición, sin dependencia, serás libre para ATRAER MEJORES COSAS AÚN.

El impacto.

Respirando las vibraciones de opulencia activamente de manera justa y equilibrada, participas activamente en la causa de los «indignados» que buscan la restitución de los bienes a escala planetaria, según el orden divino. Trasforma las creencias heredadas de tu linaje ancestral y restaura gradualmente una relación sana con el dinero, contribuyendo a que circule abundantemente en tu vida.

Mi relación con el dinero: ¿Qué combinaciones habías realizado? ¿Qué creencias se elevan espontáneamente a partir de esas palabras?

Abundancia
Abuso
Acción
Acuerdo
Acumulación
Ambición
Amenaza
Aplomo
Argumentación
Arranque
Asistencia
Atracción
Audacia
Austeridad
Autonomía
Ayuda
Ayuda mutua
Azar
Banco
Balance
Búsqueda
Cálculo
Cambio
Canon/Renta
Ciclo
Circulación
Colaboración
Comparación
Compra
Compras
Concentración
Confianza
Conflictos
Conformidad
Conocimiento
Control
Corrupción
Coste
Costumbre
Creación
Creatividad
Creencia
Crítica
Cuenta
Cumplimiento
Daño
Decepción
Defecto
Dependencia
Depósito
Desastre
Descenso
Deseo
Desigualdad
Desliz
Desmesura
Determinación

Deudaa
Devolución
Dificultad
Dignidad
Disensión
División
Donación/Don
Economía
Energía
Enriquecimiento
Envidia
Equidad
Equilibrio
Error
Escalón
Esfuerzo
Estabilidad
Estado/Estatus
Estrés
Exceso
Éxito
Experiencia
Explotación
Facilidad
Factura
Favor
Florecimiento
Fondos
Fortuna
Fracaso
Fraude
Ganancia
Gasto
Generosidad
Gestión
Goce
Herencia
Honestidad
Ilusión
Imagen
Implicidad
Importe
Impresión/Tiraje
Impuesto
Impunidad
Incremento
Indiferencia
Indignación
Inquietud
Interés
Inversión
Juicio
Justicia
Ley
Libertad
Límite
Liquidación
Logro
Lucidez
Lucro/Beneficio
Maniobra
Manipulación
Miedo
Moral
Movilización
Mudanza/Cambio
Necesidad
Negocio
Objetivo
Obligación
Ocio
Oportunidad
Opulencia
Orgullo
Pago
Participación
Pasión
Paz
Pérdida/Ruina
Pesadilla
Placer
Pobreza
Poder
Portafolio/Cartera
Posibilidad
Posición
Precio
Presión
Prestigio
Presupuesto
Problema
Productividad
Protección
Proyecto
Prueba
Punto muerto
Quiebra/Fracaso
Realización
Receta

Reconciliación
Reconocimiento
Recuento
Recurso
Redistribución
Reedición
Regalo
Regulación
Rehén
Rentabilidad
Reparto
Requisito
Reserva
Respeto
Restos/Residuos
Restricción
Retirada
Riesgo
Riqueza
Robo
Sacrificio
Satisfacción
Seguridad
Seguro
Servicio
Sucesión
Suciedad
Sudor
Sueño
Suerte
Suerte/Felicidad
Talento
Tarea
Tesoro
Trabajo
Trueque
Utopía
Vacaciones
Valor
Veneno
Viaje
Visualización
Voluntad
Vulnerabilidad

Anexo 2

Cuestionarios comparativos entre tu uhane y tu unihipili

Aquí tienes una herramienta que podrás adaptar a la realidad que tú vivas. Inspírate en estos cuestionarios para determinar las diferencias de pensamientos que crean bloqueos en tu energía. Déjate inspirar para añadir otros elementos que recojan específicamente su consulta. *Las preguntas que hagas deben centrarse fundamentalmente en tu mente subconsciente para acceder a las emociones que contiene.* Puedes modificar y reproducir esos documentos a voluntad.

Uhane

Como primer paso, completa cada cuestionario *espontáneamente,* contemplando cada enunciado dentro de un contexto general. En caso de duda, o si existen matices en función de la situación, sitúa tu respuesta en un espacio intermedio y matízala con comentarios. Será tu uhane, tu espíritu consciente, quien aportará su percepción según la perspectiva que tenga de tu experiencia.

Unihipili

En una segunda fase, cuando dominas bien el uso del péndulo, repite las mismas preguntas o afirmaciones para examinar qué piensa tu subconsciente, unihipili. Aunque estés seguro de conocerte, podrás constatar la diferencia entre la percepción de tu consciente y la de tu subconsciente. Se trata de un método extraordinario para entender las resistencias de tu pequeño *uni,* los conflictos que albergas, etc.

La pregunta de inicio, al ser general, te dará la oportunidad de matizar el contexto, la amplitud o el origen de las reacciones que te asaltan. Así, a la pregunta: «¿Tengo miedo?» podría añadir «temo el rechazo, recibir reproches, engordar, hablar, saber novedades, viajar, morir, etc.». Asegúrate de no hacer preguntas dobles. Céntrate en un solo aspecto cada vez.

Apunta la fecha y el día a fin de establecer comparaciones, pues puedes hacerlas en diferentes etapas de tu vida.

Primer cuestionario

Fecha: ______________________

Marca con una cruz:

❑ ***Uhane**, mi consciente* ❑ ***Unihipili**, mi subconsciente*

A: Siempre
B: La mayoría de las veces
C: A veces
D: Pocas veces
E: Nunca

		A	B	C	D	E	COMENTARIO
	¿Me siento comprendido?						
	¿Me siento vivo?						
	¿Me siento amado?						
	¿Me perdono?						
	¿Me critico?						
	¿Me siento culpable?						
	¿Controlo?						
	¿Tengo vergüenza?						
	¿Tengo rabia?						
	¿Estoy triste?						

	¿Tengo miedo?						
	¿Me siento feliz?						
	¿Tengo seguridad?						
	¿Soy un buen padre, amigo, etc.?						
	¿Soy una persona equilibrada?						
	¿Como de forma sana?						
	¿Soy guapo?						
	¿Tengo talento?						
	¿Estoy hecho para ser rico?						
	¿Tengo lo que hace falta para tener éxito?						

Segundo cuestionario

Fecha: ______________________

Bien	Indiferente	Mal

Marca con una cruz:

❑ ***Uhane***, *mi consciente*

❑ ***Unihipili***, *mi subconsciente*

	Cómo me siento cuando...	Bien	Indiferente	Mal	COMENTARIO
1.	estoy de 24 a 48 horas en soledad y silencio				
2.	me aconsejan				
3.	lloro				
4.	rehúso prestar un servicio				
5.	me demuestran cariño				
6.	me aborda un extraño				
7.	recibo una crítica				
8.	tengo poder				
9.	pierdo el tiempo				
10.	gasto dinero				
11.	X no me da noticias				
12.	estoy viviendo un cambio importante				
13.	dejo un trabajo sin terminar				

14.	me reafirmo en mis propósitos				
15.	vivo mi sexualidad				
16.	solicito un empleo				
17.	no tengo control				
18.	me como un buen helado				
19.	recibo un cumplido				
20.	consulto mi cuenta bancaria				
21.					
22.					
23.					
24.					
25.					
26.					
27.					
28.					
29.					
30.					

Un paso hacia la unidad

Ahora, eres capaz de inducir a tu subconsciente a que ajuste sus pensamientos y sus reacciones.

La primera vez que realicé este tipo de cuestionarios dirigidos a los dos niveles de consciencia, cuál no fue mi sorpresa al descubrir que mi subconsciente tenía ganas de llorar y de gritar. Para entender su reacción, hice algunas respiraciones Ha a fin de relajarme e inspirarme antes de hacer preguntas más específicas que me ayudaran a determinar las razones de su inesperada reacción.

Descubrí que tenía que cambiar mi actitud hacia mi subconsciente. Hasta ese día, yo estaba muy orgullosa de sus actuaciones en radiestesia. Le hacía peticiones en forma de órdenes y yo pensaba que tenía una buena colaboración con él. Esto no habría durado, pues obedecía al miedo. Dándole amor y reconocimiento por su participación, calmándole y motivándole, la dinámica entre mi consciencia y mi subconsciente ha cambiado y ha mejorado la colaboración entre mis planos de consciencia para alcanzar la unidad.

La vida es un cambio perpetuo, un continuo intercambio con tu subconsciente para conocer sus percepciones y captar qué le motiva a integrarse en el proceso de evolución que has iniciado.

Bibliografía

Allen, H. G.: *The Betrayal of Liliuokalani: Last Queen of Hawaï 1838-1917.* The Arthur H. Clark Company, Glendale, California, 1982.

Avery, K. Q.: *Métaphysique Huna.* Association des chercheurs en sciences cosmiques du Québec Inc., Shawinigan-Sud, Quebec. Extraído de la conferencia: «La guérison» (casete 800A, tomo 3).

Bachelard, G.: «Citation secrète». *La Presse,* Cahier Sports, p. 7, 6 de septiembre, 2011.

Berney, Ch.: *Fundamentals of Hawaiian Mysticism.* Crossing Press, Freedom, California, 2000.

Charron, M. P.: *Deux panneaux,* Matin Magique: http://matin-magique.com/oc17.html (17 de octubre, 2011).

Chopra, D.: *Le livre des secrets.* Guy Trédaniel, París, (2005). (Trad. cast.: *El libro de los secretos.* Gaya Ediciones, Barcelona, 2007).

—: *Le troisième Jésus.* Guy Trédaniel, París, 2008. (Trad. cast.: *El tercer Jesús.* Editorial De Bolsillo, Barcelona, 2009).

Corneau, G.: *Revivre!* Éditions de l'Homme, Quebec, 2010. (Trad. cast.: *Revivir.* Editorial Luciérnaga, Barcelona, 2012).

DALÁI-LAMA, H. C.: *L'art du bonheur: sagesse et sérénité au quotidien.* Robert Laffont, París, 1998. (Trad. cast.: *El arte de la felicidad.* Editorial De Bolsillo, Barcelona, 2010).

EGLI, R.: *Le principe LOL²A: la perfection du monde.* Le Dauphin Blanc, Quebec, 2002. (Trad. cast.: *El principio LOL²A: la perfección del mundo.* Terapias Verdes/Navona, Barcelona, 2011).

GAGNON-HASLAM, S.: *Révélations métaphysiques.* Sainte-Marthe-sur-le-lac, Quebec, 2008.

GLOVER, W.: *Huna: The Ancient Religion of Positive Thinking.* Huna Press, Cape Girardeau, Misuri, 1983.

GRABOWSKI, L.: *Huna and Related Metaphysical Laws and Concepts.* 1987.

GUILY, R. E.: *Encyclopedia of Mystical & Paranormal Experience.* Harper's, San Francisco, California, 1991.

HOFFMAN, E.: *Huna: A Beginner's Guide.* Whitford Press, West Chester, Pensilvania, 1976.

KING, S. K.: *Kahuna Healing: Holistic Health and Healing Practices of Polynesia.* Theosophical Publishing House, Wheaton, Illinois, 1983.

—: *Urban Shaman: A Handbook for Personal and Planetary Trasformation Based on the Hawaiian Way of the Adventurer.* Fireside, Nueva York, 1990.

—: *Huna: les secrets hawaïens ancestraux pour les temps modernes.* Le Dauphin Blanc, Quebec, 2011.

LEWIS, A. P.: *Living in Harmony Through Kahuna Wisdom.* Homana Publications, Las Vegas, Nevada, 1984.

LIEKENS, P.: *Reprogrammer l'inconscient.* Vivez Soleil, Ginebra, 1995, cap. 10.

LONG, M. F.: *The Secret Science Behind Miracles: Unveiling the Huna Tradition of the Ancient Polynesians.* De Vorss Publications, Marina Del Ray, California, 1948.

—: *The Secret Science at Work: the Huna Method as a Way of Life.* De Vorss Publications, Marina Del Ray, California, 1953.

—: *Self-Suggestion.* De Vorss Publications, Marina Del Ray, California, 1958.

—: *The Huna Code in Religions: The Influence of Huna Tradition on Modern Faith.* De Vorss Publications, Marina Del Ray, California 1965.

—: «A little prayer for HRA'S, HRA». Boletín XI, *Huna Vista's News Letter,* n.º 10, 15 de junio, 1949, p. 12.

Mara, G.: *Les clés de l'évolution de l'âme.* Ariane, Outremont, Quebec, 2010.

Marquier, A.: *La liberté d'être.* Éd. Universelles du Verseau, Knowlton, Quebec, 1998. (Trad. cast.: *La libertad del ser o el camino hacia la plenitud.* Ed. Luzindigo, Barcelona, 2006).

Morgan, M.: *Pourquoi pas le bonheur?* Le Dauphin Blanc, Québec, 2006, p. 195.

Muller, Ch. y Grobéty A.: *Vivre l'angéologie au quotidien.* Éditions du Roseau, Montréal, 1997.

Nau, E. S.: *Huna, Self-Awareness: The Wisdom of the Ancient Hawaiians.* Red Wheel/Weiser, York Beach, Maine, 1992.

Pukui, M. K.; Haertig, E.W., y Lee C. A.: *Nana I Ke Kumu (Look to the Source),* vol. i. Hui Hanai, Honolulu, Hawái, 1972.

Rajneesh, O.: *Tarot Zen.* Éditions du Gange, Montpellier, 1995. (Trad. cast.: *Tarot Zen.* Gaia Ediciones, Madrid, 2007).

Servan-schreiber, D.: *On peut se dire au revoir plusieurs fois.* Robert Laffont, París, 2011. (Trad. cast.: *Hay muchas maneras de decir adiós.* Edhasa, Barcelona, 2011).

Steiger, B.: *Kahuna Magic.* Whitford Press, West Chester, Pensilvania, 1971.

Strelecky, J. P.: *Les 5 grands rêves de vie.* Le Dauphin Blanc, Quebec, 2011.

Talbot, M.: *L'univers est un hologramme: comment les scientifiques d'aujourd'hui confirment les dires mystiques de toujours.* Pocket, París, 1994.

Tremblay, N.: *Le Tao des émotions.* Quebecor, Montreal, 2009.

Vitale, J.: *Le cours en éveil.* Le Dauphin Blanc, Quebec, 2011.

Vitale, J. y Hew Len I.: *Zéro limite: le programme secret hawaïen pour l'abondance, la santé, la paix et plus encore.* Le Dauphin Blanc, Quebec, 2008. (Trad. cast.: *Cero límites: las enseñanzas del antiguo método hawaiano del ho'oponopono.* Ediciones Obelisco, Barcelona, 2011).

Glosario

Aumakua (palabra hawaiana)	Yo supremo unido a la Fuente, Yo divino, intuición, supraconsciente, «padres divinos».
Aka (palabra hawaiana)	Forma etérica; cuerpo aka: cuerpo etérico; hilo aka: «cuerda de plata», cordón etérico.
Dios	Concepto personal que retorna a la perfección última, a la consciencia única, al Origen de toda Creación, ajena a cualquier creencia religiosa.
Formas de pensamiento	Unión de pensamientos relacionados que se estructuran en grupos y se trasmiten a través de los hilos aka.
Ha (palabra hawaiana)	Partícula que acompaña a un nombre que retorna a una afirmación categórica, a una potencia de pensamiento; número cuatro.

Respiración Ha	Fuerte expulsión de aire; fuerza mística para la respiración, soplo de vida.
Plegaria Ha	Demanda sostenida para la respiración Ha; petición dirigida a aumakua.
Ho'oponopono (palabra hawaiana: *Ho'o,* «hacer, aportar»; *pono,* «corrección, orden perfecto, justicia»)	Antigua terapia familiar hawaiana destinada a limpiar los pensamientos en circulación. Proceso de purificación de las energías.
Huna (palabra hawaiana)	Secreto: lo que es invisible, reservado; sabiduría, saber protegido.
Kahuna (palabra hawaiana; en Tahití, Tahuna; en Nueva Zelanda, Tohunga; en las Barbados, Quahine)	Guardián del secreto.
Kapu (palabra hawaiana)	Religión hawaiana basada en las leyes de los grandes sacerdotes y gobernantes; consagración sagrada.
Kino (palabra hawaiana)	Cuerpo, sustancia, forma.
Mana (palabra hawaiana)	Fuerza vital, poder sobrenatural, fuerza sobrehumana.
Mana-mana (palabra hawaiana)	Subdivisión, ramificación de la fuerza vital.
Mana loa (palabras hawaianas)	La fuerza vital más potente.
Poa aumakua (palabras hawaianas)	Reagrupación de supraconscientes, comunión extremadamente potente.

Uhane (palabra hawaiana)	Espíritu consciente, voluntario, responsable y reflexivo; espíritu creativo que piensa y actúa.
Unihipili (palabra hawaiana, diminutivo: *uni)*	Subconsciente: ego, niño que hay en ti; centro de emociones; guardián de los recuerdos.

Pronunciación de las palabras hawaianas

El acento tónico de las palabras hawaianas está siempre situado en la penúltima sílaba, por ejemplo unihi*pi*li (unihipili). En el caso de una palabra muy larga, el acento tónico se encuentra igualmente sobre la primera o la segunda sílaba, por ejemplo *Ho*'oponopo*no*.

Las vocales de las palabras hawaianas se pronuncian como en francés, a excepción de la «u». Esta última se pronuncia «ou». En cuanto a la «e», se puede pronunciar «é». La «h» es aspirada. Así pues, pronunciaremos «ou-ni-hi-*pi*-li» (unihipili), «ou-*ha*-né» (uhane) y «a-ou-ma-*kou*-a» (aumakua) para nombrar a los tres planos de consciencia.

Índice